やわらかアカデミズム・〈わかる〉シリーズ

よくわかる
学びの技法
第3版

田中共子 編

ミネルヴァ書房

■よくわかる学びの技法［第3版］

　本書は，大学での「学び方を学ぶ」テキストです。高校と大学では，学び方がずいぶん違います。でもそれが伝えられることも，きちんと教えられることもなく，「習うより慣れろ」で授業が始まってしまうことは珍しくありません。

　みなさんが大学生らしく学び，よい成績をおさめたいと思うなら，何が違うのか気づかずにやり方もよくわからない，というわけにはいかないでしょう。私たちも，大学の本当の面白さに早く気づいて欲しいと願っています。

　でも，どこで，誰が，これらを教えてくれるのでしょうか。この本は，そのニーズに応えるものです。本書の目的は，まず1年生の学びへのとまどいを軽減することです。そして上級生の学びへと，次第に成長していく手伝いをすることです。

　日本ではこれまで，大学の下級生を対象にした，基本的な学ぶ力自体を養うテキストがあまりありませんでした。それは何となくわかるような，優秀な人ならできる気がする，そんな部分だったからでしょう。でも学び方を一種の技術と考えるなら，意識的に学び上手な人になることも可能です。

　本書は自習書として使えるようになっています。また，学びへの導入的な授業や，新入生ガイダンスやセミナー用のテキストとしても使えます。対象は学部の1年次生を中心に，2～3年次生までを想定しています。卒業論文の入り口にたどり着くところまでです。主に人文科学系の科目を想定しましたが，福祉看護系や社会科学系にも共通するものは多いでしょうし，基本の技法は理科系の学生にも使えると思います。

　執筆者は，留学生に日本語での学び方の基本を指導してきたり，逆に外国の大学で学んで海外の教育法にふれてきたり，数学が専門でない学生に統計を教えてきたり，学生相談に携わったりした先生方です。初心者の目の高さで，親身になって具体的にポイントを話すように心がけています。

　本書は，まず新入生を速やかに大学での学びに導入し，そして続く学部での学びを成功に導き，最終的に豊かな成果を生み出していくための，「学びの技法」ですが，学び方を学ぶことは，結局は大学での豊かな学びの創生につながるものという期待を持っています。学びは本来とても豊かなものだということを，みなさんも，私たちと一緒に味わっていってください。

2003年4月

田中　共子

第 3 版にあたって

2009年12月の第 2 版刊行から約 9 年を経て,ここに第 3 版を刊行します。
今回の改訂では,主に以下の点を変更しました。

- 図表の作成,統計解析,表計算の解説に用いる Excel や SPSS を,新しいバージョンのものにしました。
- 新しい文献やウェブサイトの情報を掲載しました。
- 新しい統計データを踏まえて記述をあらためました。
- より有益な内容,わかりやすい記述になるように,修正や加筆を施しました。

今回の改訂で,大学等での学びによりいっそう活用できる内容になったと思います。

2018年10月

田中　共子

もくじ

■よくわかる学びの技法［第3版］

はじめに

I 大学での学び方入門

1 大学で何を学ぶのか …………2
2 大学でどう学ぶのか …………6
3 大学の授業の種類 ……………8

コラム
1．先生とのつきあい方 …………10
2．成績はどのようにしてつけられるか ……………11

II 授業理解のための聞く技術・読む技術

1 講義の聞き方 ………………12
2 ノートの取り方 ……………14
3 ノート作成の実例 …………18
4 本の読み方(1) ……………22
5 本の読み方(2) ……………26
6 詳　　読 …………………30

コラム
3．試験の傾向と対策 …………34
4．アメリカ版「大学での学び方」……………35

III レポートを書く技術

1 レポートの種類 ……………36
2 レポートの構成 ……………40
3 レポートの書式とマナー ……44
4 レポートの書き方：実践編 …48
5 表現を洗練させる …………52
6 引用の方法 …………………56
7 図表の基本 …………………60
8 表から情報を読み取る ……64
9 図の種類と読み方 …………66
10 図表を作る …………………70
11 効果的な図表の利用 ………76

コラム
5．アピールできる文章力のつけ方 ……………80
6．夏休みを有効に使おう ……81

IV 参加とパフォーマンスが求められる授業

1 授業での質問の仕方と答え方 ……82
2 グループ討論をする授業 …84
3 討論の要領 …………………86

iii

4　上手な口頭発表 …………………88
　5　口頭発表の準備(1)：テーマ設定から
　　　資料作成まで ………………90
　6　口頭発表の準備(2)：ストーリー作り
　　　からリハーサルまで …………94
　7　口頭発表・当日のポイント ………98
　8　実験・実習の授業で習うこと …102
　9　調査実習の例と基本のまとめ方　104
　10　調査の例と基本のまとめ方 ……108
　11　実験の例と基本のまとめ方 ……112
　コラム
　　　7．本を読もう！ ……………115
　　　8．映画で学ぶ ………………116
　　　9．大学の学びは何の役に立つのか
　　　　 …………………………117

V　より深い学びのための道具

　1　英語「で」勉強する方法 ………118
　2　英語論文を読んでみよう ………122
　3　英語によるコミュニケーション　124
　4　文献を使いこなす ………………126
　5　文献の探し方 ……………………130
　6　研究論文の読み方 ………………132
　7　統計解析ソフトを使いこなす …134
　8　結果出力からレポートへ ………138

　9　エクセル操作(1)
　　　：データを入力する ……………142
　10　エクセル操作(2)
　　　：データを処理・加工する ……146
　11　エクセル操作(3)：出力する ……151
　コラム
　　　10．上手に使いたい IT …………155

VI　探求を進めていくための方法

　1　自分の問いを探す ………………156
　2　自分の研究計画へ ………………158
　3　上級生になっていくときの選択　160
　4　卒業研究へ発展させるために …162
　コラム
　　　11．留学生と友達になるには …164
　　　12．働きながら学ぶ喜び ………165

VII　学びから開ける進路

　1　進路決定への道のり ……………166
　2　学びに迷ったとき ………………168
　3　さらに学びを続けたくなったら　170
　コラム
　　　13．楽しい大学院生活 …………172
　　　14．留学という学びの形 ………173

やわらかアカデミズム・〈わかる〉シリーズ

よくわかる
学びの技法
第 3 版

Ⅰ 大学での学び方入門

 大学で何を学ぶのか

 大学の学びと高校の学び

○高校の学習とは何が違うか

　大学での学びは，単に高校の延長ではありません。内容のレベルが上がるだけではなくて，学びの質も異なるのです。だから学ぶための技能も，違ったものが入ってきます。

　大学は「学習」の先，「学問」の世界にふれていくことが期待されています。高校では，一定の重要な知識を理解し，覚えていく学習をしていたかもしれません。問題には正解が用意されていて，それを探し当てれば丸がついたことでしょう。そこでたくさんの丸を集める方法を心得れば，それが勉強の方法というものだと思っていた人が多いかもしれません。

　しかし学問は，答えが用意されていないばかりか，探求の方法すら自分でみつけるものです。いうなれば，夏休みの自由研究が続いているような世界です。大学の役目は，高度な知識を伝えるという教育面だけではありません。大学は，社会の中で新しい問題を見つけて警鐘を鳴らしたり，問題の解決方法を創造したり，人類の知的遺産から学んだりという，困難だけれど重要な課題に取り組んでいる研究機関です。扱うトピックスは基礎から応用まで，幅広いものです。そしてあなたも，その世界の中に入っていくのです。

○大学の学びは面白い

　大学というと堅苦しく近寄り難く感じるとしたら，それは一面的な印象です。学問が進むほどに，あなたは正解選びや減点方式の勉強からは解放され，記憶よりも思考力が問われる世界に入っていきます。そこには知的好奇心に支えられた，わくわくするような世界が広がっています。

　講義の知識をもとにしながら，自分で「○○はどうなんだろう」と発想し，自分の疑問を自分の力で探求するのです。だから自分が本当にやりたいことができる世界といえます。そこではもはや，「好きなこと」と「知りたいこと」は，とても近いことになります。

　関心はないけど覚えなきゃ，という味気ない勉強ではありません。大学に入るための手段であった受験勉強とは違い，大学の学びは学び自体が目的なので，無味乾燥なものにはならないのです。

○探求するものをみつけよう

身近な出来事から，いくらでも探求の種は見つかります。住んでいる地域の環境のこと，自分のしゃべっている言葉のこと，人とのつきあい方のこと……。筋道立てて考えていけば，新しい法則や解決の方法が見つかるかもしれません。さる社会学の先生は，人と社会を興味深く見つめていく目があれば，「一生の間，人生に退屈しない」といっていましたが，探求の心を持つことはそれくらい面白いということです。

1年生ではまだ，やりたいことが見つかっていなくても仕方ありません。上級生になるに従って，次第にあれもこれもと，面白いテーマが増えていくことでしょう。やりたいことを見つけに行く，という気持ちでいればよいのです。面白いことを探そう，発見しようという気持ちで，授業を楽しんでください。

そのうちに，学問の深い世界が，あなたの潜在的な関心を掘り起こしてくれる瞬間を経験できます。自分で探求したいものが見つかって，自分自身の手でその営みを始めたとき，あなたは大学での学びを満喫しているでしょう。

▷身近な出来事
身近な出来事を発展させた卒業研究のテーマとして，筆者の所属する心理学講座の近年の例としては，以下がある。禁煙方法の工夫，若者による高齢者イメージ，電車内の座席の埋まり方の規則性，e-mailコミュニケーションによる対人印象形成，友人関係の深化の段階，大学生の不登校，同性愛者への偏見，比較広告の効果，起業家が起業に至る心理，フリーターはなぜフリーターになったか。

② 課題を探求するときの学び

○学び方を身につけよう

大学では，基礎的な知識を効率よく覚えていくという技術だけでは，学びの本質を味わうことはできませんし，あまりよい成績もとれないでしょう。学習から学問へ近づくにつれて，「課題探求」という学びのモードに切り替えていくことが必要なのです。

1年次の授業はまだ習い覚える授業も多いのですが，2，3年次以上では，このモードがどれだけあるかが，成績を分けていきますし，授業の楽しさも左右されることでしょう。それは学びの姿勢の持ち方と学びの技法のこなし方次第です。本書を手がかりに，実践を重ねていってください。

○どんな能力がいるのか

求められている力を抽象的な言葉にするなら，基礎的な知識の上に，着想力，思考力，論理性，表現力，独創性などです。しかし，そういわれてもどうすればいいのかは，なかなかわかりにくいことでしょう。本書では，具体的な学び方を次のように整理して提案します。

▷1年次の授業
1年次は，○○概論，○○概説，○○入門，○○Ⅰ，○○初級，○○基礎論などの授業が，導入役を果たす。2年次以降は，○○学，○○論など専門科目が増えてくる。また○○演習，○○講読，○○実習，○○研究法，など参加や発表が必要な授業も履修するようになる。

③ 大学での学び方

○学びの技法

本書は学びを深めていく指南を通じて，大学生活を成功裡に送れるよう，後押しをしようとするものです。大学で要求される能力は具体的にどんなものか，本書の構成を追って説明していきます。これらが本書で扱う大学での学び方，いうなれば「学びの技法」にあたるものです。

これらは下級生への解説に留まるものではありません。上級生にとっても，これらをたどっていくことで，自分の学びをもう一度振り返ることができます。その場合は，実感を持って理解できるぶん，効果があるともいえます。

○講義を聴く，レポートを書く

まず，講義を聴いて理解していく力が基本になります。授業は90分とか100分の間続きますから，要領よくノートを作っていく術を覚えましょう。それを元に自分の探求を進めたり，本を読み，資料を探し，思索を展開していく方法も身につけていきたいものです。

次に，自分の見解を筋道だてて構成しながら，論理的な文章を書く力を養いましょう。これは読書感想文やエッセイや単なる要約ではなくて，アカデミックな文章を創出する技法を指しています。「高校ではこの書き方は習っていないのに，大学では常識のように求められる」と嘆く人も多いものです。

さらに図表を作成したり図表から情報を読み取る力も，科学的，実証的な研究には不可欠です。その重要さの割に，人文科学系の人がきちんと習う機会は少ないようです。図表をうまく使えていないレポートをよく見かけます。

○参加型の授業をこなす

▷参加型の授業
⇒ I-3「大学の授業の種類」参照。

上級生になるに従い，意見を聞かれたり討論をしたりする**参加型の授業**が登場し，それをこなす力が必要になります。要領を教えられないまま実践に入るケースもあるので，本書を見ながら準備をしてください。

実験，調査，実習，演習など，自分が手作業をしていく授業は，研究活動の雛形をなぞるもので，大学らしい大事な科目です。発表の順番が回ってきたり，データをまとめて結論を出したりします。理解だけではなく，創造や発信の力が問われます。何となく手探りでやっている人も多くいます。しかし整合性と説得力のある論旨，上手な説明や鮮やかな発表は，就職試験でも社会に出てからでも大変役に立つ能力なので，練習しておきたいものです。

○資料やパソコンを活用する

学びが次第に深まっていくと，文献，論文，外国語資料など，専門性の高い資料を扱います。これらは，学びの到達度を高めるのに利用されます。一見難しい素材ですが，要領がわかれば次第に手に負えるようになります。

パソコンソフトを扱う力があれば，強い味方を得たようなものです。手作業より飛躍的にできることが増えます。始めての人も本書を片手に接点を作ってください。

さてここまでできれば，あなたはもうずいぶんと高度な学びの技術を身に付けています。次はいよいよ，本格的な学問の入り口に立ちます。

○学びを深める方法

問いを探して研究計画に育てていく力が，最後の課題です。学びを集大成する卒業論文に至る道筋を，段階的に整理しておきましょう。

卒業論文とはどういうもので，どんな手順で進めるのか。今しておく準備とは何か。これらをたどりながら，卒業研究への準備を整えていきます。

本書はここまでです。これから先は，**各学問の研究法**の世界へと分かれていきます。

○ 学びの迷いと進路

もっと学びを続けたい人は，それを可能にする進路についても考えておきましょう。国内外に広く目を向けていけば，いくつもの選択肢があります。

また学びの迷いを抱えたときには，そこから抜け出す方法も考えておく必要があります。学びたいことがないとか違っているとかいうときには，どうしたら自分の道を見つけていけるのでしょうか。

本書の最後に，学ぶ姿勢そのものを支援するこうした内容を記しました。

4 大学卒業者に期待される能力

大学卒業時の就職活動で重視されるものには，大学での知識，専門の知識のほか，問題解決能力や情報通信の知識などがあげられています（表1）。

在学中に学びの技法を実践していけば，よく訓練された知性が身につくでしょうし，論理的な思考力も磨かれます。あなたがしっかりと学んでいけば，これらについては自信を持ってアピールできるようになるでしょう。学びの技法は，卒業時に評価される能力を身につけることにもつながっています。

▷各学問の研究法
たとえば，心理学であれば高橋順一・渡辺文夫・大淵憲一（編）1998 人間科学研究法ハンドブック　ナカニシヤ出版，村田光二・山田一成（編著）2000 シリーズ・心理学の技法　社会心理学研究の技法　福村出版，などが研究方法の概説書。その先にさらに個別の技法があり，たとえば統計法や実験計画法など，必要に応じて参考書をそろえる。授業中に担当教員が紹介してくれることが多い。

表1　採用時に人事部長が重視するもの

積極性，業務への適性，個性，協調性，コミュニケーション能力，常識，問題解決能力，感情の安定性，リーダーシップ，パソコン・情報通信への適応力，筆記試験の成績，専門知識，大学での知識，大学名，語学力，国際感覚，容姿

出所：週刊ダイヤモンド編集部（編）2000　2002年版　就職に勝つ！　ダイヤモンド社より，1～14位を順に記した。

［課題］
1. あなたが興味のあることや知りたいと思ったことを，「小さな疑問」という形で，たくさん書きだしてみてください。それらは，どの学問と関係がありそうですか？
2. あなたは何を学びたくて，今の大学に入ったのでしょうか？　自分の出発点として，動機や経緯を自分の言葉で整理してみましょう。

（田中共子）

ザイン」です。このことを説明するために，先生はいくつかのトピックを出します。たとえば「どうしてコースデザインが重要か？」「シラバスの種類」「コースデザインとシラバスデザインの関係」などです。トピックは90分の授業なら2個から4個くらい用意されることが多いのではないでしょうか。トピックが集まってテーマを構成し，そのテーマが集まって講義のタイトルをなすと考えましょう。トピックやテーマは次のように見つけます。

1. 授業の最初の「今日は〜について話します」の「〜」はテーマだ！
2. 「…の話をしましょう」や「…について考えましょう」「…にうつりましょう」「…を見ていきましょう」の「…」はトピックだ！
3. 「最初に」「では次に」「それでは」などがあれば，トピックが変わるかも！
4. 自分で「先生は今，何について話をされているのだろう」と考えたとき，「…についてだ！」と思う，「…」がトピックだ！

◯キーワードの見つけ方

テーマやトピックの中には，キーワードがあります。キーワードの多くは専門用語で，それが表す概念はとても抽象的であることが多いです。先生が具体例を示してくれますから，それと一緒にチェックしておきましょう。キーワードの見つけ方は，

5. 聞いたこともない専門用語をチェック！
6. 普段使う言葉だけど，少し違う意味で使われているような言葉をチェック！
7. キーワードは詳しい具体例とともにチェック！

今日のテーマは何か，その中のトピックは何で，それぞれのトピックの中のキーワードは何だったか，授業が終わったらその日のうちに考え直しておきましょう。スラスラ言えればその日の講義は大体理解できていると考えてもいいでしょう。

◯講義の構成（例）──流れをつかめ！

タイトル（日本語教育概論 etc.）

　　　　テーマ（コースデザイン，シラバスデザイン，日本語の基礎 etc.）

　　　　　　トピック（レディネス調査，動詞の活用 etc.）

　　　　　　　　キーワード（レディネス，未習者，既習者 etc.）

講義の流れがわからない間は，テープレコーダーなどで講義を録音するというのもいい方法でしょう。ただし，先生によっては録音されるのを好まない人もいるので事前に許可をとりましょう。

（堤　良一）

▷レディネス調査
レディネスとは，学習者がコースの前にもっている日本語の能力のことで，これを調べることをレディネス調査という。

▷動詞の活用
みなさんは高校までの国語の授業で，日本語の動詞には五段活用，上一段動詞，下一段動詞，サ変動詞，カ変動詞があると習ったと思うが，日本語教育ではこのようには教えずに，動詞を3つのグループに分けて教えるという方法をとる。詳しいことが知りたい人は，田中よね他 1998 みんなの日本語　スリーエーネットワークなどのテキストを見てみるといいだろう。

Ⅰ 大学での学び方入門

大学でどう学ぶのか

能動性というキーワード

○自分から学んでいく

学びの技法を使いこなすには，大学での学び全般に求められる，あるキーワードを満たす姿勢が必要になります。それは「能動性」です。「学びたいことを学ぶ場」が大学の基本ですから，能動的に学ばないと大学の真髄はわかりません。「自分が学びの主体」であることを認識してください。

これがないと，大学の学びに違和感を持つだけで，何をしていいのかつかめない，何をやっているのかよくわからない，やっていることが面白くない，といった状態に陥る可能性があります。実際，それらはよくあるのです。

○履修の自由

高校では黙っていても授業が提供されましたが，大学ではまず，履修する授業を自分で決めます。履修科目の数も種類も自由がききますから，卒業時には，いろいろな履修パターンの人がいて，多くの単位をとった人から規定ぎりぎりの単位数で大学を出る人までがいます。

取得単位数が違っても学費は同じです。授業の数が少ないと損した気持ちにもなりそうですが，履修が多すぎても勉強に手がまわらなくなります。数を競う必要はありません。焦点を絞って深く学ぶことも大事です。履修した科目にはよく出席して丁寧に学び，質を求めてください。**大学の授業は結構高価**ですから，うまくバランスをとって，支出に見合った成果をあげたいものです。

2 授業を履修する

○単位を取っていく

授業に出て試験を受けて合格すれば，「単位」が認定されます。それを所定数集めれば，卒業要件が満たされます。たとえば「124単位で卒業」という規定なら，それを満たすだけの数の授業を受け，試験にもパスする必要があります。

卒業論文は学びの集大成ですので，大きな単位数が与えられるのが普通です。下級生の科目から順当にこなしていかないと，この最終段階には到達できません。困難ですが，意義の大きい作業です。

○履修計画をたてる

授業をいつどのようにとるかという履修計画は，学習のセルフプロデュース

▶**大学の授業は結構高価**
日本学生支援機構による平成28年の学生生活調査では，大学昼間部の学費は平均1,193,400円。4倍して4年間分として，卒業必要単位を124単位と考えて124で割り算したうえで，16回分を2単位とみなすと，授業1回あたり約4,810円となる。ちなみに生活費は平均690,800円とのこと。学費とあわせて4年間で7,536,800円にもなる。なお収入の約18％はアルバイトからだが，約20％は奨学金，そして親からが最多で約60％を占める。

▶**卒業論文**
自分で設けた研究主題に沿って，計画の立案から研究の実施，結果の整理や考察までの一連の研究活動を行い，論文の形にまとめたもの。学校や学部によっては卒業論文が必修ではなく，単位の履修だけで卒業できるところもある。

作業です。履修要覧をよく読み，興味や将来計画をよく考え，先生や先輩の助言も聞いてみるのがよいでしょう。基本的に，興味を持っているものは積極的にとるとよいでしょう。**先生が勧めた科目**は，必ず取っておくことを勧めます。先輩の情報は現実的で，この科目は話は面白くても試験が難しいとか，出席には厳しいがレポートで評価してくれるなどと，特徴を教えてもらえます。

○ 履修内容の積み上げ

1年次には，導入的な科目が並び，語学や情報処理関係も履修するのが標準的です。2年次以降は，次第に高度な内容へと，専門の学習を積み上げていきます。ただし専攻以外の科目も，合計何単位以上とるようにという規定があり，幅広い知識を身につけるように構成されています。

特に1，2年次には，専門分野以外の導入的な科目を一定数以上履修せねばなりません。多くの大学では，教養科目ないしは一般科目と称される専用の授業群を用意しています。これらを義務的に履修する学生も多いのですが，たとえ専門以外の導入的な内容であったとしても，何か自分の関心と結びつけようと考えながら履修したほうが，自分が楽しめるでしょう。

○ 必修科目の取り残し

必修科目は取らないと卒業できない科目という意味なので，なるべく標準履修年次のうちに一度でパスしましょう。よくあるのが，4年生が外国語など下級生向けの単位を落としたままで，卒業できなくなるというケースです。

なお選択科目であっても，一定数がそろわなければやはり卒業できません。3年次までに必要な単位をできるだけそろえておき，4年次は卒業研究などに時間を使えるようにするとよいでしょう。

③ よい成績をとる必要性

就職試験では成績を参照することがあります。大学院の入学試験，**転学部**や**転学科**などの進路変更，**学士入学**や再入学などの学びの追加にも，成績表の提出が求められます。なお**留学**したい人は，特に履修科目や成績を大事にしてください。アメリカなどの大学・大学院は，書類審査だけで合否が決まることも多く，成績はその重要参考項目です。

［課題］
　　大学全体の授業科目から，あなたの関心に即したものを見つけてみましょう。シラバス（講義要録）や大学のホームページで探してみてください。
　　　あなたの目的・関心：＿＿＿＿　＿＿＿＿　＿＿＿＿
　　　関連しそうな科目：　＿＿＿＿　＿＿＿＿　＿＿＿＿

（田中共子）

▷先生が勧めた科目
たとえば、「心理学を専攻するなら、統計学が大切だ」とよく言われる。心理統計の授業は、確実に履修しておきたい。それがなければ教養科目の統計学や、経済学部の統計関連の科目から、役立ちそうな科目を探して履修しておくとよい。

▷転学部，転学科，学士入学
⇒ Ⅶ-3 「さらに学びを続けたくなったら」参照。

▷留学
アメリカに留学する場合、優・良・可またはA・B・Cの成績を、3・2・1点に換算して算出した平均点（GPA）が、書類審査の重要な資料となる。何をどれだけ学んだかも、成績証明書の科目名と成績から判断される。専攻は○○学だったが、たまたま△△学関係の科目を多く履修していたため、副専攻のようにみなしてくれて、入学許可につながったという例もある。

Ⅰ 大学での学び方入門

 大学の授業の種類

1 大学の授業とは

　大学の授業はどのようにして行われているのでしょうか。また，その授業ではどのような能力や技術が必要とされているのでしょうか。ここではごく簡単に大学の授業の形態について解説することにします。

　多くの大学では，授業は**一コマ**が90分で行われ，その形式は，講義などのような「非参加型授業」と，実験や演習などのような「参加型授業」とに大別できます。

▷一コマ
大学の授業は，一般的にコマという単位で数えられる。

2 講　義

　講義とは，基本的には先生が授業の最初から最後まで，一人で話をする授業のことです。**受講者**は先生の話を聞き，ポイントを押さえノートをとり，家で復習したりしながら勉強します。授業中に受講者が発言を求められたり，何かの作業を与えられたりすることは少なく，この意味において以下で解説する「参加型授業」とは異なります。講義形式で行われる授業の内容は，大学生としての最低限の知識や素養を身につけるための教養科目であったり，専門科目であれば，その分野で常識的だと考えられていることや，その学問を学ぶためにどうしても知っておかなければならないような用語や概念の解説であったりします。したがって，入学して間もない時期，1年次や，2年次の前半に受講する科目に，講義形式の授業が多くなります。単位認定の方法はさまざまで，最終試験を行う場合もあれば，レポートを提出する場合もあります。どちらの場合でも，授業の内容をよく理解しておくことが必要で，そのためには「第Ⅱ部　授業理解のための聞く技術・読む技術」で説明するような，要点をおさえる技術やノートをとる技術は必要不可欠です。受講者は一般的に多く，時には500人以上の学生が1人の先生の講義を聞くこともあります。

▷受講者
その授業を受けている学生のことをいう。

3 「参加型授業」

○実習，実験

　授業の**シラバス**を見てみましょう。授業の科目名や，与えられる単位数などの情報の他に，備考欄などがあり，「受講者の積極的な参加を期待する」とか「授業に意欲的に取り組むこと」などと書かれてあります。大学では，みなさ

▷シラバス
その学部やコースで開講される（開かれる），すべての授業の内容に関する情報を載せた冊子。最近では，インターネット上でシラバスを公開する大学も多い。

んが積極的に，かつ意欲的に授業に参加することが求められているのです。一言に「参加する」と言いますが，ではどのようなことをすれば授業に参加したことになるのでしょうか。

1つのやり方は，コンピュータの使い方や，図書館での本の探し方，書道の授業のように，目標として得ようとする技術や能力を，実際に体験するというものです。このような方法を実習といい，実習の授業ではこのような体験を通じて学習していきます。自分の出身校などに行って，2週間ほどそこの生徒を前に授業を行う実習は，教育実習と呼ばれます。みなさんも，高校生の頃に教育実習の先生が来たという記憶があるのではないでしょうか。

実験の授業にも，受講者の参加が要求されます。実験の授業については，ここでは触れずに第Ⅳ部8），11）で詳しく解説することにします。

◯ 演 習

「参加型授業」として，あと1つ重要なものは演習と呼ばれる授業です。演習とは，少人数の学生が先生の指導を受けながら，より専門的な論文を読んだり，討論，発表を行ったりしながら進めていく授業のことで，ゼミ（ゼミナールの略）とも呼ばれます。ここまでくるとかなり専門的で，学生が参加して行うというよりは，学生が中心となって授業を作っていくこともあります。

授業のタイプと，それに関連する本書の箇所をまとめておきましょう。

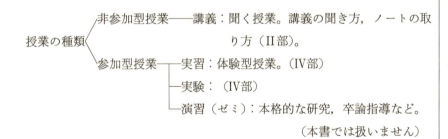

[課題]

　ここで書かれている授業のスタイルは，大学によって呼び名が違います。あなたの大学ではどのように呼ばれているか調べましょう。また，卒業するためには，それらの授業をどのような順番でとるように決められているか，調べてください。

　また，卒業するためには何単位をそれぞれの授業から取得しなければならないかを知っておく必要もあるでしょう。最近では，科目ごとに，何単位以上は取得してはいけないなどというように，一学年で取得できる単位数を制限する大学が増えているようですから，自分の大学がどのような決まりを持っているかを知っておくことも大切です。

（堤　良一）

コラム 1

先生とのつきあい方

・先生の仕事

　大学の先生は，いろんな仕事をしています。専門分野の研究，みなさんのような学生の教育（授業など），学部の仕事（委員会や学科会議など），学校全体の仕事など，学校の中だけでもこれだけの仕事をしています。その他に，先生によっては他の大学に教えに行ったり，地域のボランティア団体の理事長や顧問をしているということもあるでしょう。学会なるところでの雑務に追われる先生も珍しくありません。つまり，先生は意外と（？）大忙しなわけです。

　しかし何と言っても，学生の教育は先生の仕事の中で最も重要なものの一つですから，みなさんが困ったことがあったり，聞いてみたいことがあった時には，先生に相談に行ってみるといいと思います。

・どの先生が私の先生？

　ところで大学には「担任の先生」はいるのでしょうか。大学では基本的にはそのような先生はいません。これに近いのは「指導教官」になる先生ですが，これは基本的には，専門分野の指導をする先生のことですので，自分の専門が決まる2年生か3年生にならないとどの先生が指導教官かはわからないことが多いです。

　大学やコースによっては「アドバイザー」などという名目で，学生一人ひとりに先生を割り当てているところもあります。そのような制度がない場合は，自分の所属している学科，教室，講座の先生の誰かを訪ねればいいでしょう。いずれにしても，いざというときにどの先生に相談に行けばいいのか調べておくといいでしょう。

・オフィスアワー

　これは，各先生が「この時間なら学生が来れば相談にのってあげられる」という時間帯です。学生便覧に掲載されているでしょうから確認してみましょう。上にも書きましたが先生は多忙なので，事前に予約をしていくのがマナーです。

・先生と「つきあう」？

　では，先生に何を相談しに行くのでしょうか。何でもいいと思います。学問のことは専門の先生に，生活のことはアドバイザーの先生に相談すればいいでしょう。きっと先生は，あなたの相談に親切にのってくれるはずです。

（堤　良一）

コラム2

成績はどのようにしてつけられるか

　成績のつけ方は，たいてい大学のシラバス（授業要覧）に解説されています。講義形式の授業で行われる主な方法を以下に紹介してみましょう。ただしたいていは複数の方法が総合されており，大変バラエティに富んでいます。自分が履修している授業ごとに，成績の決められ方を確認しておきましょう。

　1．期末試験　学期末の試験期間に試験を行う。点数が悪い場合は救済策として「追試」をすることもある。学期中に何回か小試験をして，合計点や平均点を出したり，「5回のうち点数の高い4回を平均する」と告げて最善の努力を引き出すような変則的な方法もある。期末試験でのカンニングは，校則によって厳罰が与えられ，履歴に処罰歴を残してしまう。

　2．期末レポート　特定の主題でレポートを書く。試験の代わりに実施されることが多い。本を読んで意見をまとめる，調べ物をするなど，課題の出され方はさまざま。所定の形式，期限，提出場所を守る必要がある。

　3．出席回数　授業毎または時々出席をとり，1回2点などと決めて点数化し，試験点数に加点する。「試験の受験資格は，授業回数の3分の2以上の出席」，「試験の点数にかかわらず出席回数が12回以上なら合格」など，単位認定のための条件にされることもある。「忌引き」など事情のある欠席には，欠席届を求める学校もある。

　4．小テスト　講義を聞いていたか，どれだけ理解できているか，予習をしてきたかなどを，授業中にチェックするための，短時間の確認テスト。

　5．小レポート　授業中に課題を与えられ，小論文を書く。授業中にビデオを見て分析する，所定の問題に対する意見を述べるなど。

　6．小課題　さまざまな形式で与えられる宿題のようなもの。習ったことをもとに研究計画書を作ってみたり，詩やエッセイなどの作品を出したりする。

　7．授業への参加　集団討論への参加状況，配布資料や発表のできぐあいなどをみる。

　実際の組み合わせ方の例としては，「出席点2割，授業中の発言2割，提出課題の内容6割。課題提出の遅れは，1日につき0.8倍の割合で減点」，「単語テスト2割，リポート3割，試験5割。理由なく2回以上の欠席は不合格」などがあります。

（田中共子）

Ⅱ　授業理解のための聞く技術・読む技術

 # 講義の聞き方

1　大学の授業の基本——講義

　みなさんが大学に入学して学ぼうとするとき，その入り口となるのが講義です。講義は大体，先生が話し続けるスタイルで進められるので，みなさんが発言したり発表したりすることは稀です。しかし，だからといって授業に出てぼんやり座って，先生が黒板に書くことをノートに写して，テスト前にそのノートを見直して丸覚えして試験を受ければ単位が取得できるかというと，そういうわけにはいきません。では，講義の間，みなさんは何をしなければならないのでしょうか。

2　流れをつかもう！

◯講義はドラマだ！——タイトルは何？

　講義はテレビドラマのようなものです。15回なら15回の講義で一つのまとまりになっていて，タイトルが付いています。その講義のタイトルが何なのかは，**シラバス**で確認することができます。シラバスはその講義が始まる前の宣伝です。タイトルを知っておくと，その日の講義のテーマと全体のタイトルとの関係がわかります。

◯その日のテーマは？

　1コマ1コマの講義にはテーマがあります。そのテーマが何であるかは，シラバスに書いてあることもありますが，すべての講義について事前にわかるとは限りません。多くの場合，テーマは授業の最初に先生が口頭で発表します。
　「今日は，**コースデザイン**と**シラバスデザイン**について話します」
といった感じです。これを聞き逃すと，その日の授業は何をやっているのかさっぱりわからないということになり，90分がとても退屈で集中力も続かないでしょう。ですから，遅刻をしてはならないということになります。
　講義をひとつのドラマと考えて，1回1回の流れをつかみ，全体像をイメージしながら臨むことが大切です。

3　講義の流れのつかみ方

◯テーマとトピックの見つけ方

　その日のテーマが大切です。先ほどの例なら「コースデザインとシラバスデ

▷シラバス
⇒Ⅰ-3の注参照。最近ではシラバスに，1回1回の講義の内容が書かれていることも多い。

▷コースデザイン
日本語教育で，コースを始める前にしなければならない準備の総称。

▷シラバスデザイン
ここで言っている「シラバス」は，先ほどのシラバスとは違い，専門用語である。先生は，学生（学習者と言う。これも専門用語）に，どのようなことをどのような順番で教えるか考えなければならない。これを決める作業がシラバスデザインである。簡単に言ってしまえば，大学でみなさんが見るシラバスを，みなさん自身が先生になったつもりで書いていく作業だと思えばいいだろう。

II 授業理解のための聞く技術・読む技術

2 ノートの取り方

1 ノートが命！

　前章で，講義の聞き方について考えましたが，何も手を動かさずに聞いていたのでは，その時にはわかったつもりの内容も，後になって思い出せない，ということになります。ですから，講義を聞きながらノートを取らなければなりません。ノートの取り方を知っていることは非常に重要です。高校までとは違って，大学では自分なりに工夫することが必要になります。また，みなさんが大学を卒業して社会に出ても，必ず役に立つ技術なので，是非腕を磨いてください。

2 大学での黒板の意味

○先生は黒板にノートを作ってくれない

　中学や高校では，先生が黒板を一つのノートのように見立て，黄色や赤などの色チョークも使ったりして，板書をしてくれたことでしょう。「もう消していいですか？」などと聞いてくれる先生もいらっしゃったのではないでしょうか。つまり，みなさんの作業としては「ノートを取る＝黒板を書き写す」ことでした。

○先生が黒板に書くことが大切だとは限らない

　ところが，大学ではそのような板書をする先生は皆無に近いと思います。外来語で，発音しただけでは伝わりにくかったり，漢字が難しかったり，また，簡単な図を書いたりした方が，その講義の理解の助けになると，先生が判断したときに，先生は黒板を使います。また，教室に色チョークが置いてあることもありますが，私の学生時代の記憶と，私自身の内省から言えば，色チョークを使い分ける先生は非常に少ないと思います。ですから，書かれていることが大切だとは限りませんし，どれが大切でどれがそうでないかも，板書からでは判断ができないのです。ですから，前章でお話ししたような，講義の聞き方を身につけて，ノートを取るしかありません。つまり黒板は，ノートを取るという作業とは，直接的には無関係であるということになります。

3 ノートの取り方

◯よいノートとは

　ノートは大胆に使うべきです。1コマの講義で見開き分くらいを目安にしてもよいかと思います。ノートには，講義を聞きながら書くことと，講義の後で書き足すこととがありますから，講義中にあまり詰めて書いてしまうと，あとで書き足す余白がなくて困ってしまいますし，読み返すときにも読みにくいものです。いいノートというのは，その講義が終わって半年後，一年後に見ても，その時の講義の内容が鮮明に甦ってくるものです。講義は一つの流れを持っていますから，ノートはその流れが一目瞭然になるように書かなければなりません。

◯講義中に書くこと

　まず，その日の日付とその日の講義のテーマを書きます。テーマは先生が授業の冒頭で「今日は〜について話します」と言うことが多いです。もしテーマが見つからなければ，授業が終わった後で，全体の内容を見返して，自分なりにテーマをつけておきます。そうすることで，後でそのテーマについて復習するときに，すぐにそこにたどり着くことが可能になります。ノートの最初のページに目次を作っておくのもいい方法だと思います。

　講義はテーマ，トピック，キーワードが大切だと前章で言いましたが，ノートも大体それに沿って書けていればいいわけです。ノートを取るときの注意点をあげましょう。

1．流れが一目瞭然になるように見出しをつけよう！
2．きれいに書きすぎるな！
3．詰めて使うな！
4．板書に頼るな！
5．書きすぎるな！
6．授業が終わってからできることは後回しにして授業を聞け！
7．後で書き込まなければならないところには印をつけろ！

◯きれいに書くな，黒板を写すな，話に集中しよう！

　きれいに書こうとしすぎると，メモ程度に書いておきたいことを「汚くなるから」といって書かなくなったりします。書くべきことは，多少見栄えが悪くなっても書いておくべきです。また，講義が終わってから書き足すことを考えて，この段階では少し余白を多めにとっておくといいでしょう。板書については上でも書きましたが，写しているだけでは到底いいノートはできません。また，先生が話すことをほとんど逐一書き留めようとする人がいますが，それで

は何が大切で何がそうでないのかがわかりません。ポイントを押さえて書き，それ以外の時は話に集中しましょう。授業中に書かなくてもよいことは後回しにするというのも，授業を聞くことに集中するためです。授業の後で書き足したいところには※や☆などのマークをつけてわかりやすくしておきましょう。

④ 講義後に書くこと

講義中に書いたノートは，授業が終わったらその日のうちに見直すことを勧めます。ノートはまだ不完全です。というのは，講義中は先生の話に集中するためにとばしておいたところがあるからです。そのような箇所は，自分で調べて埋めていきます。理解が不十分な箇所は，テキストやプリントで調べたり図書館に行って調べたりして埋めます。友人や先生に聞くのもいいでしょう。**講義の疑問点**については，調べても解決できないものもあるでしょうし，それが後でレポートや論文を書くときに，いいヒントになるかもしれません。そのようなことは，記号を使って後でわかるように書いておけばいいでしょう。配布された資料やテキストを見直すことも大切です。必要だと思えば，そこから補足的に書き足すこともしておきましょう。また，資料はきちんとファイルしておきましょう。テキストにはさんでおくだけでは，ばらばらになってしまい後で大変です。

⑤ レイアウトについて

ノートを見やすくするために，いろいろ工夫することも必要です。疑問点や問題点，テキストや資料のページ数は欄外を設けてそこに書くなど，いろいろ自分なりに工夫してみましょう。

○ノートのイメージ

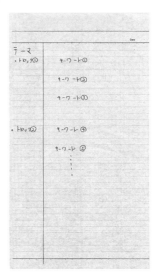

▷講義の疑問点
講義を聞く時には，「今の話はどうしてそうなるのだろう？」とか，「先生の話は本当に正しいのだろうか？ もし，そうだとしても，あの具体例を考えると矛盾があるんじゃないだろうか？」などと，疑問を探すような姿勢を持つと，その講義をよりよく理解できるだろう。よりよい理解が，よりよいノートづくりの第一歩である。

◯ノートの実例

　以下は，実際に皆さんの先輩*が作ったノートです。どこにどんな工夫がされているか，いろいろ考えてみてください。

*このノートの掲載を承諾してくれた，岡山大学文学部4年の山田志穂さんに感謝する。

[課題]

1．ノートの取り方は，自分なりに工夫して書いて練習するしかありません。NHK教育放送では，そのような練習にもってこいの番組がいくつかあります。たとえば「知を楽しむ」という30分番組がありますが，これを30分間聞きながら，自分なりにノートを取ってみるといいでしょう。

2．上に紹介した，「コースデザイン」についてのノートについて，書いた人が工夫している点や良い点をあげましょう。また，こうすればもっとよくなる，あるいはこういうところはもっとこうするべきだ，というような点があればそれをあげてください。

3．このノートが書かれた授業のテーマ，トピック，キーワードはそれぞれ何ですか。ノートを見て考えましょう。　　　　　　（堤　良一）

II 授業理解のための聞く技術・読む技術

 # ノート作成の実例

[課題]
1. 以下は、ある講義での先生の話と板書です。この話を聞いているつもりになってノートを取りましょう。
2. この講義が終わった後に、必要な箇所を埋めて、ノートを完成させましょう。
3. 20, 21ページに、よい例と悪い例があります。あなたが作ったノートと比べてみて、自分なりにどこがよくてどこがよくないかを考えてください。

「先週は、この講義の全体像ということで、指示詞とはどういうものであるのか、また、その中の用法にはどういうものがあるのかということをお話ししました。簡単に復習しますとですね、日本語の指示詞には少なくとも現場指示的な用法と文脈指示的な用法があったわけです。まー、各自アレコレ復習しておいてください。

それで、今日の話なんですが、じゃあ日本語の指示詞の何が問題にされてきたのか、そして今どういう問題が残っているのかということについて、話を進めていきたいと思います。この辺の話はですね、先週配布した資料の文献リスト、もし今持ってたら見てほしいんですけれども、その文献リストの金水・田窪(1992)という本に入っている論文をずーっと読んでいくと流れがわかるんですけれども、この講義では1992年以降の流れというのも話していかなきゃいけないんで、今日ざっとまとめておこうというわけです。

さあ、じゃ、少し見ていくことにしましょうか。指示詞の研究というのはですね、大体佐久間鼎という人が1951年に出した『現代日本語の表現と語法』という本の1章から3章の内容から始まったということになっているんですね。もちろんそれ以前にも、指示詞の研究がなかったわけではないんですけれどね。じゃあどうして彼をもって指示詞研究の始まりとするのかといいますとね、まず第1に、指示詞を「こそあど」として研究の対象として取り上げたことがあげられますね。つまり、彼以前の研究ですと、指示詞というものは一般的に代名詞として扱われていたわけです。ところが、彼はそれをわざわざ3章も割いて彼の本に載せたわけです。彼はですね、もともと心理学者でしてね、国語学の枠にとらわれない自由な発想ができたんですねえ。自由な発想をするためには、やはり専門分野だけではなくて、いろんな事を知っていなければなりませんよ。みなさんもいろんな事を大学に入って吸収してくださいね。

さて，話を元に戻しましょうか。彼以前の研究と彼の研究の違いは，1点は指示詞を研究の対象として確立したことにあるということでした。もう1点は，いわゆる人称区分説という説を提唱したという点にあるんです。この，人称区分説というのはどういうものかといいますと，たとえば私が今持っているこのチョークですけれども，これを私が指すときには「これはね」と言ってコレを使って言うわけです。ところがですね，あー，ちょっとそこのあなた，前に出てきてください。あ，ありがとう。彼と私が対話をしている時にはですよ，私が持っているこのチョークをですね（その学生に），あなたはなんと言いますか？……そうですね。「それ」というわけなんです。それでもってですね，私のものでもあなたのものでもない，そうですね，あそこのあの時計なんかは？……そう「アノ時計」というように，アで言うわけです。このように考えていきますとですね，指示詞というのは皆さんが英語で習ったような1人称2人称3人称の区別に対応しているように感じませんか？　佐久間が考えたことも正にこのようなことだったわけです。

　これと対照的な考え方に距離区分説というのがあります。これはどういうものかと言いますと，簡単に言うと自分に近いところのものをコで指して遠いところのものをアで指して，中くらいのところのものをソで指すという考え方ですね。たとえば，タクシーに乗っていて「運転手さん，そこの角で降ろしてください」なんていう場合は，ソコって言っても相手の側にあるもんじゃないわけでしょ？　これは人称区分説ではうまいこと説明できないなってんで，距離ってのも関係があるんじゃない？　とも考えられるわけです。……」

〈板書〉

II 授業理解のための聞く技術・読む技術

〈悪い例〉①

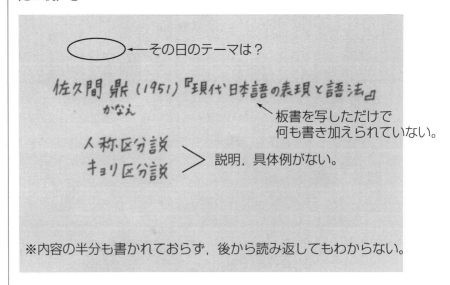

〈悪い例〉②

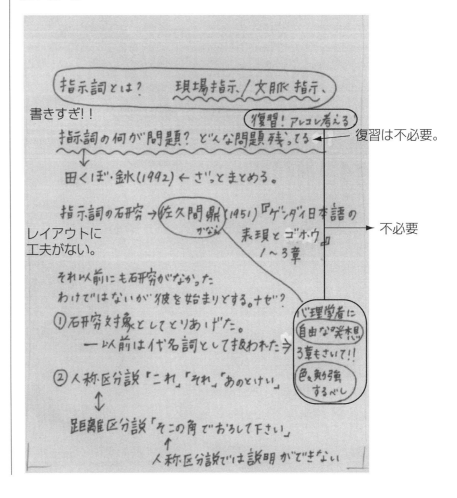

〈よい例〉

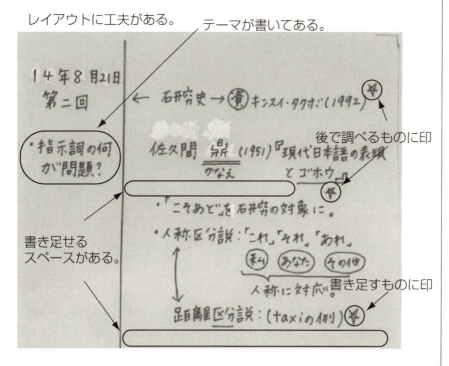

　さあ，どうですか？　皆さんが作ったノートは，どのノートに近かったですか？　よい例に近づけるために，次のようなことをチェックしてみましょう。

- 板書だけを写していないか？
- 詰めて書きすぎていないか？（後で書き足すことを考えているか）
- レイアウトを自分なりに工夫しているか？
- 書かなくてもいいことを書いていないか？（余談や冗談など）
- 後で書けることを今書いていないか？
- 印を使ったりして，話に集中するように心がけているか？
- わからないところに印をつけて，後で調べられるようにしてあるか？
- テーマ，トピック，キーワードがわかりやすいか？
- キーワードには具体例がついているか？

　一言で，ノートを取るといっても，なかなか難しいものですね。後はみなさんが各自で練習を積んで，みなさんが一番いいと思えるノートを作っていってください。

（揖　良一）

II 授業理解のための聞く技術・読む技術

 # 本の読み方(1)

1 目次を読む

○本の全体像を把握する

　大学生生活において，「本を読む」ということは必要不可欠なことです。講義を聞くためにも，レポートを書くためにも，試験勉強をするためにも，どうしても欠かすことのできないものです。ですから，効果的に本が読めるかどうかで，大学生生活が大きく変わってしまいます。

　効果的に本を読むためには，まず，本の全体像を把握することが大切です。そのために必要なことは，「目次を丹念に読む」ということです。次にあげるのは，『タテ社会の人間関係』の目次の部分です。この目次を読んで，『タテ社会の人間関係』の内容がどのようなものであるか，考えてみてください。

▷中根千枝　タテ社会の人間関係　講談社現代新書
1967年に書かれ，英語やフランス語にも訳されている。大学生には必読の書。

▷5章，6章，7章は省略した。

```
            『タテ社会の人間関係』目次
  1  序論
    1  日本の社会を新しく解明する
    2  「社会構造」の探求
  2  「場」による集団の特性
    1  集団分析のカギ―「資格」と「場」
    2  「場」を強調する日本の社会
    3  成員の全面的参加
    4  家族ぐるみの雇用関係
    5  「ウチの者」「ヨソ者」意識
    6  直接接触的な人間関係
    7  単一社会
  3  「タテ」組織による序列の発達
    1  構造分析のカギ―「タテ」「ヨコ」の関係
    2  序列偏重の背後関係
    3  中国・インド・チベットとの比較
    4  イギリス・アメリカとの比較
  4  「タテ」組織による全体像の構成
    1  対立でなく並立の関係
    2  人間平等主義
    3  過当競争による弊害
    4  ワン・セット構成と政治組織の発達
```

◯目次から予測する

　まず、**序論**を見ると、「日本の社会を新しく解明する」「『社会構造』の探求」とあります。序論にこのような内容があるわけですから、これらは、おそらく、この本が扱う研究の目的だろうという予測がつきます。つまり、この本が、「日本の社会構造を探求する」という、かなり大きなテーマを追及していることがわかります。

　次に、2章、3章、4章のそれぞれの見出しを見ると、「場」と「タテ」という言葉がパッと目にとまります。おそらく、これらがこの本の最も重要な言葉であり、そして、「場」と「タテ」という言葉で「日本の社会構造」を説明しているのではないか、と予測することができます。

　さらに、2章、3章、4章の中身を見ていくと、「場」に対しては「資格」という概念が、「タテ」に対しては「ヨコ」という概念があることがわかります。特に、2章の中身を見ると、「日本の社会構造」の特徴が、やはり「場」であるという確信が持てますし、それだけでなく、「家族ぐるみの雇用関係」があることや、「ウチの者」「ヨソ者」の意識があることなどが、日本の社会構造の特徴なのだということがわかります。

　また、3章では、「中国・インド・チベット」「イギリス・アメリカ」という他国の社会構造との比較をしているであろうことが予想できます。一方、4章では、他国との比較という観点ではなく、日本の社会構造のみに焦点を当てて、その特徴を具体的に述べていっているようです。

◯問題意識を持ちながら読む

　目次を見て、本の内容をここまで予測しておくと、いざ読み始めた時に、すごくスムーズに読み進めそうな気がしませんか。「場」「資格」「タテ」「ヨコ」がキーワードであることがわかりましたし、それだけでなく、「場」「資格」というのはどういう概念なんだろうか、「タテ」「ヨコ」とは一体どういうことなんだろうか、などといった問題意識を持ちながら読むこともできるようになったのではないかと思います。

❷ 構成の把握

◯本文の読み方

　次の文章は、先ほども例としてあげた『タテ社会の人間関係』の第2章の最初の部分です。この部分には、5つの**段落**がありますので、段落の先頭に①〜⑤の数字を付けておきました。それぞれの段落にはどのようなことが書いてあるのか、また、それぞれの段落同士の関係はどうなっているのか、ということを考えながら読んでみてください。

▷序論
当たり前のことではあるが、「序論→本論→結論」という順序で論が進んでいくのが、専門書・専門論文の一般的なあり方である。

▷段落
「段落」には、意味上の段落と形式上の段落があるが、ここでは形式上の段落を考える。つまり、1字分下げて書かれているところが、段落の句切れであると考える。

> 1　集団分析のカギ―「資格」と「場」
> 「資格」および「場」とはなにか
> ①一定の個人からなる社会集団の構成の要因を，きわめて抽象的にとらえると，二つの異なる原理―資格と場―が設定できる。すなわち，集団構成の第一条件が，それを構成する個人の「資格」の共通性にあるものと，「場」の共有によるものである。
> ②ここで資格とよぶものは，普通使われている意味より，ずっと広く，社会的個人の一定の属性をあらわすものである。
> ③たとえば，氏・素性といったように，生まれながらに個人にそなわっている属性もあれば，学歴・地位・職業などのように，生後個人が獲得したものもある。また経済的にみると，資本家・労働者，地主・小作人などというものも，それぞれ資格の種類となり，また，男・女，老・若などといった一定の社会的（生物的差から生ずる）相違によるものまで，ここでいう資格（属性）の一つとしてとりあげることができる。
> ④このような，一定の個人を他から区別しうる属性による基準のいずれかを使うことによって，集団が構成されている場合，「資格による」という。たとえば，特定の職業集団，一定の父系血縁集団，一つのカースト集団などがその例である。
> ⑤これに対して，「場による」というのは，一定の地域とか，所属機関などのように，資格の相違をとわず，一定の枠によって，一定の個人が集団を構成している場合をさす。たとえば，××村の成員というように。産業界を例にとれば，旋盤工というのは資格であり，P会社の社員というのは場による設定である。同様に，教授・事務員・学生というのは，それぞれ資格であり，R大学の者というのは場である。

◯段落同士の関係

　前項で，『タテ社会の人間関係』のキーワードが「場」「資格」「タテ」「ヨコ」であるということを書きましたが，本論の最初の段落①から「場」と「資格」の話が出てきています。目次を見て予想したとおり，社会集団の構成要因には，やはり「場」と「資格」の2種類があることがわかります。そして，②③④の段落では「資格」についての説明をしており，最後の段落⑤では「場」についての説明をしています。つまり，この文章の構成は以下のようになっています。

これを見ると，段落①がこの文章の要であり，段落②と段落⑤がそれを受ける形で存在していることがわかります。そして，段落③と段落④が，段落②を補足する形で置かれています。つまり，①と②と⑤の段落が，この文章の骨組みになっているわけです。
　②は，③や④の段落よりも大切な段落であるといえますが，しかし，②には抽象的なことしか書いていないため，実際には，③や④を読むことによって，②の意味がより明らかになります。ですから，②を読んで，「あまりよくわからない」と感じても，焦らずに，次の段落③を読んでください。
　段落③の最初の言葉は「たとえば」です。もし，本を読んでいて，ある部分があまりしっかり理解できなかったとしても，次に「たとえば」という言葉があれば大丈夫です。「たとえば」の次には，わかりやすい具体例があげられているはずです。また，逆に，「たとえば」という言葉がなく，具体例があげられていなければ，自分で具体例を補いながら読んでいくようにしてください。そうすると，専門書の読解能力が向上するばかりでなく，レポート作成能力も飛躍的に高まります。

◯ 専門用語

　ところで，この文章では，「場」の説明には１つの段落しか使っていませんが，「資格」の説明には３つの段落を費やしています。それは，おそらく，この本で使われている「資格」という用語が，この著者独特の意味で使われているので，一般的な用語としての「資格」との混同を避ける必要があり，そのため，少し詳しく説明しているからだと思われます。
　小説やエッセイなどを読む時には，このような専門用語が出てくることはまずありませんが，授業やレポートで必要になるような専門書を読む時には，このような専門用語がいくつも出てきますので，要注意です。一度も聞いたことがないような専門用語を理解することが難しいのは当たり前ですが，この「資格」のように，普通に使われている言葉でも，その本の著者独特の使い方をしていることがあります。そういう時には，特に注意して読む必要があります。

［課題］
1．今までに読んだことのある本の目次を見て，その本の内容を思い出してみてください。
2．今までに読んだことのない本の目次を見て，その本の内容を予測してみてください。
3．みなさんが授業で使っている本の一節を，前ページに示したように，図式化してみてください。
4．みなさんが授業で使っている本の中から，専門用語を10個抜き出して，その用語の解説を，ノートに書いてみてください。（山内博之）

Ⅱ　授業理解のための聞く技術・読む技術

 本の読み方(2)

　キーセンテンス

○細部の内容をおさえる

　前章では，効果的な本の読み方について解説しましたが，この章は，その続きです。前章では，1つの文章の中の段落の構成を考えるという，やや大づかみに本の内容をとらえる方法を説明してきましたので，この章では，まず，細部の内容を確実におさえていく方法について説明したいと思います。具体的には，段落よりもさらに小さい単位であるキーセンテンスとキーワードについて説明します。

○キーセンテンスとは何か

　キーセンテンスとは，「文章を読む際の鍵になる大切な文」のことです。前章では，中根千枝の『タテ社会の人間関係』を例にとって，効果的な本の読み方の説明をしましたので，この章でも，『タテ社会の人間関係』を使って説明していくことにします。

　さて，24ページにあげた『タテ社会の人間関係』の文章の中で，キーセンテンスはどれでしょうか。キーセンテンスとは，その文章の骨組みになるような文のことですから，キーセンテンスを考える場合には，前章の24ページのような，文章の構成を図式化したものが，大いに役に立ちます。

○骨組みとなる文を探し出す

　24ページの図式を見ると，段落①がこの文章全体の説明をしていることがわかります。したがって，段落①はこの文章にとっては大切な段落であり，この中にはキーセンテンスとなる文があるはずです。24ページの文章をもう一度見てください。段落①には2つの文がありますが，どちらがより重要な文だと思いますか。

　2つの文をよく読んでみると，2つめの文は，最初の文の言い換えをしたものだということがわかります。つまり，2つめの文は，最初の文に従属しているものだということです。だから，当然，重要なのは最初の文の方であり，したがって，最初の文である「一定の個人からなる社会集団の構成の要因を，きわめて抽象的にとらえると，二つの異なる原理―資格と場―が設定できる。」が，この段落の中のキーセンテンスになります。

◯ 読解の手がかりになる言葉

2つめの文の最初に,「すなわち」という言葉がありますが,この言葉は,読み手にとっては,ありがたい言葉です。もし,ある文を読んで「わかりにくい」と感じたとしても,次に「すなわち」や「つまり」や「言い換えれば」などといった言葉があれば,安心して読み進んでいって大丈夫です。次の文には,もう一度,同じ内容の説明があるはずですし,しかも,その説明は,前の文よりも具体的で,わかりやすくなっていることが多いです。

逆に言えば,みなさんがレポートを書く時にも,「この文は内容が抽象的で,読む人にとってはちょっとわかりにくいかな…」と思ったら,「すなわち」や「つまり」などで文をつなげて,より具体的でわかりやすい説明を次の文ですると,非常に効果的です。

◯ 最初の文が大切

さて,話はキーセンテンスに戻りますが,もう一度,24ページの図式を見てください。この図式を見ると,①だけでなく,②と⑤も,この文章にとっては大切な段落であること,つまり,②と⑤も文章全体の構造を支える骨組みになっていることがわかります。だから,②と⑤にも,キーセンテンスがあります。②は文が1つしかないので,その文がキーセンテンスです。⑤では,最初の文がキーセンテンスです。キーセンテンスは,段落の最初に置かれることが多いです。ですから,段落の最初の文は,特に注意して読むようにしてください。また,文章全体を見た場合にも,大切な段落が一番初めに置かれていることが多いので,気をつけてください。

❷ キーワード

◯ 目次の中から探す

キーワードとは,「文章を読む際の鍵になる大切な言葉」のことです。前章でも説明しましたが,キーワードは,まず目次を見ただけでもある程度わかります。22ページの,『タテ社会の人間関係』の目次をもう一度見てください。「場」と「タテ」という言葉が複数回登場していますが,このように,複数回登場する言葉は,キーワードであると考えられます。また,「資格」と「ヨコ」は,「場」「タテ」とセットで用いられていますので,これらもキーワードだということがわかります。

◯ 本のタイトルも重要

言うまでもないことかもしれませんが,本のタイトルも非常に重要です。この本のタイトルは『タテ社会の人間関係』ですから,「タテ」と,それから「人間関係」もキーワードになるでしょう。

◯ 本文から探す

もう一度,『タテ社会の人間関係』の本文(24ページ)を見てください。本

のタイトルと目次から,「場」「資格」「タテ」「ヨコ」「人間関係」などがキーワードだということがわかりますが,本文の段落②を見ると,「資格」とは「属性」のことだと言っていますので,「属性」もキーワードだということがわかります。他には,キーワードとは少し言いにくいのですが,「資格」や「場」を説明した具体例,たとえば,「資格」なら「氏・素性」「学歴・地位・職業」「資本家・労働者,地主・小作人」「男・女,老・若」「特定の職業集団」「一定の父系血縁集団」「一つのカースト集団」「旋盤工」「教授・事務員・学生」,「場」なら「××村の成員」「P会社の社員」「R大学の者」などもチェックしておくといいでしょう。抽象的な説明を読んだだけではわかりにくい時にでも,このような具体例を見ていくと,それがどういうことを言っているのか,非常にわかりやすくなります。

○アンダーラインを活用する

専門書を読むことに慣れてくれば,キーセンテンスやキーワードのことをいちいち気にしなくても,自然に読み進むことができるようになりますが,初めのうちは,キーセンテンスやキーワードを意識した方がいいと思います。また,キーセンテンスやキーワードにはアンダーラインを引いていくとわかりやすいです。

3 要約の作り方

○要約は演習やゼミで必要

大学の授業には,先生の授業を一方的に聞く講義ばかりではなく,演習やゼミなどと呼ばれる**参加型の授業**もあります。このような授業では,本や論文の講読をすることが多く,受講者は,各自が割り当てられた部分をレジュメとしてまとめ,順番に発表していきます。ですから,そういう時には,本や論文の要約を作らなければいけません。

▶参加型の授業
⇒ I-3 「大学の授業の種類」を参照。

○要約を作る手順

また,ゼミや演習などとは関係なく,自分の勉強のためだけに読んだ場合でも,やはり,要約を作っておくと理解が深まりますし,記憶にも残ります。

要約は,以下のような手順で作ります。初めのうちはあまりうまくできないかもしれませんが,5〜6冊も読めば,だいたいコツがつかめてきます。

①ある節の中で,どの段落が重要であるか,段落同士の関係がどうなっているかを考える。
②段落の中の最も重要な部分(キーセンテンスとキーワード)にアンダーラインを引く。
③アンダーラインを引いた箇所を抜き出し,それだけではわかりにくい部分に,具体例などを書き加える。

4 授業の前に読むか後で読むか

◯授業が難しいと感じた時に

　授業を受けることと本を読むことは，切っても切れない関係にあります。ところで，授業の前に本を読む方がいいか，それとも，授業の後で読む方がいいか，どちらだと思いますか。「◯◯の本を読んで，それについて発表しなさい」などという課題が出た時には，もちろん，授業が終わってから，図書館や本屋にその本を探しに行くことになるのでしょうが，毎日の授業の効果を高めるためには，どちらの方が望ましいのでしょうか。

　問題を投げかけておいて，ちょっと無責任なような気もしますが，どちらの方が特にいいということはありません。ただ，もし「授業が難しい」「あまりよくわからない」と感じるなら，ぜひ，授業の前に本を読んでください。どうしてかと言うと，ある程度内容がわかっている話の方が，絶対に聞きやすいからです。

◯効果を高める授業前の読書

　たとえば，スポーツが好きな人なら，普通の新聞よりもスポーツ新聞の方が理解しやすいはずです。しかし，スポーツにまったく興味がなく，株の売買に興味がある，という人は，スポーツ新聞よりも日本経済新聞の方が読みやすいと感じるでしょう。

　ですから，もし源氏物語の授業がよくわからないのであれば，漫画の『あさきゆめみし』を読むだけでも効果があります。たとえ漫画でも，読まないのと読むのとでは大違いです。ただし，いつまでも漫画にとどまるのではなく，小学館の新日本古典文学全集の『源氏物語』などには，全巻の口語訳が載っていますので，ぜひ，それを読んでください。このような準備をして授業に臨めば，理解度は全然違ってきます。

▷大和和紀　あさきゆめみし　講談社
紫式部の『源氏物語』を漫画化したもの。同じく講談社から，ビデオも発売されている。

◯先生にアドバイスをもらおう

　授業を受ける前にどのような本を読めばいいのかは，もちろん，その授業によって違います。講義概要に書いてある場合もありますが，書いてない時には，担当の先生に直接聞きに行ってみてください。また，大きな本屋に行けば，いろいろな分野の入門書がありますから，それらをひも解いてみるのも効果的だろうと思います。

［課題］
1．この章で示したキーセンテンス・キーワードを使って，24ページの『タテ社会の人間関係』の要約を作ってみてください。
2．みなさんの授業で使っている本のある一部分を選んで，要約を作ってみてください。

（山内博之）

II 授業理解のための聞く技術・読む技術

詳　　読

詳読とは何か

○精読か速読か

「本を読む」ということに関して，精読の方がいいのか速読の方がいいのか，という議論があります。精読をすれば，その1冊の本に対する理解は深まりますが，読む本の量全体は少なくなってしまいます。逆に，速読をすれば，その本に対する理解はそれほど深まらないかもしれませんが，より多くの本を読むことができる（つまり，多読ができる）ようになります。

精読か速読か，ということについては，どちらの方がよくてどちらの方が悪い，ということはありませんが，意識して使い分ける必要はあります。ある分野の基礎を身につけるために本を読む場合は，精読をすべきです。もし必要なら，その分野の先生と相談していい本を選び，その本を「詳読」してください。

「精読」というのが，一般的な言葉でしょうが，特に「ある分野の基礎的な力を身につける」ためにしっかりと本を読んでいくことを，ここでは「詳読」と呼ぶことにします。

○頭の中に座標軸を作る

詳読の目的は，いわば「頭の中に座標軸を作る」ことだといえます。たとえば，「日本語学」という分野を学ぶ時のことを考えてみます。日本語学の入門書には，『新しい日本語学入門』『はじめての人の日本語文法』『ここからはじまる日本語学』などがありますが，担当の先生の薦めで『新しい日本語学入門』を選んだとします。その場合，『新しい日本語学入門』を「詳読」することによって，頭の中に「日本語学の座標軸」を作ります。

もし，そこでしっかりとした座標軸ができれば，2冊目以降の本は，その座標軸を基準にして，その座標軸にデータを書き込むような感じで読んでいくことができます。つまり，2冊目以降の本で，見慣れない学術用語や概念が出てきた時には，詳読した1冊目の本の内容と比較し，「ああ，この用語は，この前読んだ本の○○という概念とほとんど同じものだ！」というように理解すればいいわけです。

ですから，1冊目に読む本は，みなさんにとって非常に重要なわけです。いい人との出会いが人生を豊かにするのと同じように，いい本との出会いも，みなさんの人生を豊かにするものだろうと思います。

▶庵功雄　2001　新しい日本語学入門──ことばのしくみを考える　スリーエーネットワーク

▶野田尚史　1991　はじめての人の日本語文法　くろしお出版

▶伊坂淳一　1997　ここからはじまる日本語学　ひつじ書房

2 詳読の実際

○一字一句ていねいに読む

それでは,実際に,『新しい日本語学入門』を詳読してみます。もちろん,最初から最後までをここで読むことはできませんので,「授受表現とは」という節を読むことにします。

初学者用の入門書だとはいっても,文章がやや専門的なので読むのが少し大変かもしれませんが,一字一句ていねいに読んでみてください。

1．授受表現とは

次の文を考えてみましょう。
(1) 私は田中さんに本をあげた。
(2) 私は田中さんに本をもらった。
(3) 私は田中さんに本を読んであげた。
(4) 私は田中さんに本を読んでもらった。

(1)(2)はもののやりとり（授受）に関わる表現です。また,(3)(4)は恩恵の授受に関わる表現です。日本語にはこのような授受に関わる動詞がいくつかありますが,その中で次の7つを授受動詞と呼びます。

(5) あげる,やる,くれる,もらう,さしあげる,くださる,いただく

これらを授受動詞とし,それ以外（「与える,受け取る」など）を授受動詞としないのは,①これらがテ形（「〜て」）とともに使われる補助動詞としての用法を持つ,②これらが受身形を持たない,という2点によります。*1

---

*1 ②の条件は語彙的ボイスは（直接）受身の形を持たないということによります。なお,「もらう」には次のような「もらわれる」という形がありますが,これは対応する能動文を持たないので「もらう」の直接受身の形ではありません。

(7) 私は他の家からこの家にもらわれた。

▷原文では,例文の番号が(3)になっているが,読みやすさを考え,(1)に直した。(2)以下の例文についても同様である。

3 詳読のポイント

○用語の意味を調べながら読む

上の文章の中には,おそらく意味のわからない言葉があったのではないかと思います。たとえば,「補助動詞」「語彙的ボイス」「直接受身」などです。これらは,日本語学の専門用語なので,わからなくても仕方がありません。しかし,必ず,その分野の用語辞典などで意味を調べてから,読み進むようにして

▷日本語学の分野なら,たとえば小池清治他 1997 日本語学キーワード辞典 朝倉書店,などがある。

ください。専門書を読む時には、その分野の用語辞典が必要になります。どの用語辞典がいいかは、担当の先生に聞いてみるといいでしょう。

また、「補助動詞」「語彙的ボイス」「直接受身」などの意味が、読んでいる本の中で説明されていることもあります。その本の中で、その用語が扱われているかどうかを知るのに便利なのが、索引です。索引は、たいてい本の一番後ろにありますので、それを見れば、その用語がその本の何ページに載っているかを知ることができます。

◯ 内容を確認しながら読む

本文に、「(1)(2)はもののやりとり（授受）に関わる表現です。また、(3)(4)は恩恵の授受に関わる表現です。」とありますが、この部分は完全に納得できましたか？ (1)(2)が「もののやりとり」を表しているというのはわかりやすいかもしれませんが、「恩恵の授受」というのは、少しわかりにくいのではないかと思います。

たとえば、(3)の「私は田中さんに本を読んであげた。」というのは、私が田中さんに何か物をあげたわけではありません。では、何をあげたのかというと、「恩恵」をあげたのです。つまり、「私が本を読むということをして、それが田中さんにとってはうれしかった」というような意味になるということです。

また、(1)の文では、「田中さんに」の「に」を「のために」に置き換えることはできませんが、(3)の文では、「に」を「のために」に置き換えることができます。このことも、「恩恵の授受」ということと深い関わりがあるのではないかと思いますが、いかがでしょうか。詳読をする時には、このように、いい意味での「深読み」をすることが大切です。

◯ 具体例を補いながら読む

かなり懇切丁寧に説明がしてある本でも、説明すべき事柄について、2～3の例のみが示されているのが普通で、想定されるあらゆる具体例が示されている、などということはありません。ですから、その事柄に対する理解を深めるためには、読み手が、自分自身で具体例を補いながら読んでいく必要があります。

たとえば、前ページの『新しい日本語学入門』には、日本語には「あげる」「やる」「くれる」「もらう」「さしあげる」「くださる」「いただく」という7つの授受動詞がある、というようなことが書かれています。このうち、「あげる」と「もらう」は、例文(1)(2)(3)(4)で登場しているので、本当に「授受」に関わる動詞なのだということがわかりますが、他の5つの動詞はどうでしょうか。つまり、他の5つでも、(1)(2)(3)(4)のような「授受」の意味を表す例文を作ることができるのでしょうか。

たとえば、「くれる」なら「田中さんは私に本をくれた。」「田中さんは私に本を読んでくれた」というように、自分で例文を作って確かめてみてください。

> ▷これら3つの用語の意味は、前掲『新しい日本語学入門』の中で説明されているので、興味のある方は参照していただきたい。

> ▷ちなみに、(2)の「に」は「から」に置き換えることができるが、(4)の「に」は「から」に置き換えることができない。

自分自身で具体例を考えるという作業を行うことによって、その事柄に対する理解をいっそう深めていくことができますし、さらに、(1)の例文の「あげた」をただ単純に「くれた」に置き換えただけの「私は田中さんに本をくれた」という文は、どういうわけか不自然な日本語になってしまう、というような発見があることもあります。

○あいまいさを残さずに読む

次に、「これらを授受動詞とし、それ以外（「与える、受け取る」など）を授受動詞としないのは、①これらがテ形（「～て」）とともに使われる補助動詞としての用法を持つ、②これらが受身形を持たない、という2点によります。」という部分についてですが、この部分は、少しあいまいな書き方になっていると思いませんか？

「与える、受け取る」などの動詞は、補助動詞としての用法を持つのか持たないのか、また、受身形を持つのか持たないのか、ということがあまりはっきりしません。ですから、これらについても、自分で具体例を考えて（つまり、例文を作って）、あいまいさを完全になくしてください。

「私は田中さんに本を読んで与えた。」が不自然な日本語であることから、「与える」が補助動詞としての用法を持たないことがわかり、さらに、「私は田中さんから本を与えられた。」という文を作ることができることから、「与える」が受身形を持つことがわかります。

結局、①「補助動詞としての用法を持つ」ことと、②「受身形を持たない」ことの2点が満たされていれば授受動詞であり、そうでなければ授受動詞ではない、というように読み取ることができれば、あいまいさはなくなります。

○疑いながら読む

最後に、**脚注**の部分についてです。ここには、「私は他の家からこの家にもらわれた。」は能動文を持たない文であると書かれていますが、これは本当でしょうか。たとえば、「（誰かが）私を他の家からこの家にもらった。」という能動文はあり得ないでしょうか。確かに、「（誰かが）私を他の家からこの家にもらった。」という文は、日本語としてあまり自然なものではないかもしれません。しかし、このように、書いてあることを「疑いながら読む」ということは、その本の内容を深く理解するためには、絶対に必要なことです。

[課題]
1. みなさんの授業で使っている本のある一部分を選んで、詳読してみてください。
2. 1. で詳読した本の中から疑問点を抜き出し、疑問を感じる理由とともに、ノートにまとめてみてください。

（山内博之）

▶脚注
本の一番最後にある「注」ではなく、そのページの下の方にある「注」のこと。

コラム3

試験の傾向と対策

　大学での試験の傾向とその対策について知りたければ，この文章を読むよりも，先輩に聞く方が，ずっとずっと役に立つでしょう。でも，一般的に「大学の試験ってどんなの？」ということが知りたい人のために，少し書いてみることにします。

　私の知る限り，大学の教員はみな，それぞれに工夫を凝らして自由に試験問題をつくっています。○×式・穴埋め式・用語解説などの「知識問題」もあれば，かなり長い文章の記述を求められる「論述問題」もあります。

　当然ながら，知識問題では，正解か不正解かがハッキリ出るのが特徴です。試験範囲が多い場合には，"記憶力"がモノをいうかもしれません。ただし，記憶力に関係のない試験もあります。「持ち込み可」といって，教科書やノートを試験会場に持ち込むことが許されているものです。これを聞くとほっとする人も多いようですが，かえって難しく，考えさせられる問題が出題される可能性も高いといえるでしょう。

　一方，論述問題は，正解がひとつに決まっているものではありません。もちろん，授業で出てきた理論や概念についての理解力は問われますが，それだけでなく，自分自身の視点をしっかり持っているかどうかが，採点の対象になります。「自分なりに論点を整理せよ」，「自分の見解を述べよ」など，直接，意見を問われることも少なくありません。日頃から，受け身で講義を聴くだけでなく，それについて自分はどう考えるのか，ということに思いを馳せている人は，こういう問題で高得点をとることができるはずです。

　どんな大学にも，試験をめぐる過去の逸話が，ひとつやふたつはあるようです。私が聞いたことがあるのは，ある大人数の講義の期末試験で，「たくさんの顔写真が貼ってある中から，担当教員の顔を選ぶ」というものです。講義にまったく出席せず，友達から借りたノートで試験に臨んだ人は，この問題で沈没します。一方で，何を書いても合格点をくれる，という先生の話も聞いたことがあります。「論述問題がチンプンカンプンだったので，"おいしいカレーの作り方"を書いたところ，"優"をもらえた」というのです。

　厳しい・甘いは先生次第。やはり，結局のところ，試験の傾向と対策は，先輩に聞くのがいちばんよさそうですね。

（村本由紀子）

コラム4

アメリカ版「大学での学び方」

　私がアメリカ留学中に手に取った何冊かの本が、本書の原点になっています。それらを簡単に紹介してみましょう。まず「大学で学ぶ技術」という本では、勉強の仕方が、わかり切った（と思えるような）ことから懇切丁寧に書かれていました。教科書へのラインマーカーの上手なつけ方、講義の要点を聞き取ってメモをとる方法、ノートを編集する要領、上手な記憶術、教科書の速読技術、週間勉強スケジュールの作り方、勉強によい環境の作り方など。よい見本や悪い見本、たくさんの練習用課題までついていました。「大学生に必要な○○個の語彙集」という本は、大学生らしく知的で高度な、洗練された語彙を獲得する練習帳でした。外国人でなくとも、英語の語彙を増やす練習をしていたのだと思います。こうした表現力は、教養の高い人になるために必要な努力なのでしょう。

　留学生用の英語クラスでは、それまで日本の大学で習ったこともないような内容を教わりました。「会話」のテキストには、討論の多いアメリカで使える現実的な表現が満載されていました。「イエスとノーを強く・弱く表現する」、「会話の主導権を相手から取る・守る」、「会話に加わる・抜ける」、「相手をさえぎる失礼な・丁寧な言語的・非言語的表現」など、表現リストと練習課題がついていて、面白く練習しました。これらは言葉というよりは行動の要領を表していました。こうした文化的要素を、外国で教えるのは難しいのかもしれません。「アカデミック・ライティング」のテキストでは、文章の骨格（アウトライン）作りや、引用、参考文献の表記などが説明されていました。「パブリック・スピーキング」の授業では、人前での話し方の練習をしました。

　学びの技法が上手にマニュアル化され、練習帳化されていたことには感心しました。日本でも留学生向けには親切な本が出ていますが、日本人学生向けはあまりみあたりません。なおアメリカでは大学公認で、先輩のノートや教科書の古本（下線や答えの書き込みつき）が売られていました。大学が雇った大学院生が質問コーナーにいて、家庭教師よろしく勉強を教えてくれました。学びをビジネス化する、アメリカの合理性はとても印象的でした。本書ではこうしたアメリカ流のマニュアルづくり、方法論の意識化、丁寧な導入を参考に、日本の大学らしさを織り込んで学びの技法をまとめています。

（田中共子）

Ⅲ　レポートを書く技術

 レポートの種類

1　レポートのタイプ

○レポートの分類

　大学には，いくつもの授業科目があり，そして，何人もの先生がいます。レポートの内容は，どの先生のどの科目をとるかによって大きく変わりますが，しかし，レポートの書き方そのものは，そう大きく変わるものではありません。大学の授業でみなさんに課されるレポートのタイプは，だいたい次の3つだといっていいでしょう。

> ①　意見を言う
> ②　事実を報告する
> ③　制作する

　この3つの分類は，それほど厳密なものではありませんが，このような分類を頭に入れておくと，レポートを書く際には便利です。

○レポート課題の例

　それでは，例をあげて，3つのタイプそれぞれの解説をしていきます。まず，次のA.～G.を読んでみてください。これらは，いずれも「日本語教育・日本語学」に関するレポートの課題の内容です。もちろん，読者のみなさんの中には，「日本語教育・日本語学」とはまったく縁のない方もいらっしゃるでしょうが，例として「日本語教育・日本語学」のレポートを考えてみます。

A．以下のトピックの中から関心のあるものを1つ選び，それについて論じなさい。〔ハとガ，副詞，語順，テンス，**うなぎ文**，複文，連体修飾節〕

B．前期に学んだ外国語教授法のうち，最もいいと思ったものを1つ，最もよくないと思ったものを1つあげ，その理由を述べなさい。

C．次にあげる用語のうちから2つを選び，解説しなさい。〔ナチュラルアプローチ，TPR，OPI，化石化，言語転移，過剰般化〕

D．音声と音韻の違いについて，例をあげて説明しなさい。

E．接客という言語行動が実際にどのように行われているか，調査しなさい。

F．初級・中級・上級のそれぞれの学習者にあったロールプレイを，2つずつ作りなさい。

▷うなぎ文
日本語学の専門用語。食事の注文をする時に，「僕はうなぎを食べる。」「僕はうなぎにする。」などと言わずに，「僕はうなぎだ。」と言うことがあるが，これは，もちろん「僕＝うなぎ」という意味ではない。「うなぎ文」とは，このように，「～を食べる」「～にする」などの部分を「～だ」という形に変えて言う文のことである。

▷ここであげている用語のうち，「ナチュラルアプローチ」「TPR」「OPI」は日本語教授法に関わる用語であり，「化石化」「言語転移」は第二言語習得に関わる用語である。もし興味があれば，前者については，鎌田修・川口義一・鈴木睦（編著）1996　日本語教授法ワークショップ　凡人社を，後者については，ジャック，リチャーズ他　山崎真稔他（訳）1988　ロングマン応用言語学辞典　南雲堂，ジョンソン，K.，ジョンソン，H.　岡秀夫（監訳）1999　外国語教育学大辞典　大修館書店，などを参照のこと。

G．○○大学の留学生がどのような言語行動を行っているか調べ，それをもとにして，日本語の教材を作成しなさい。

○「意見を言う」タイプ

　A.は，「日本語教育・日本語学」に限らず，比較的よくあるパターンのレポートです。この課題については，具体的には，「ハとガ，副詞，語順，テンス，うなぎ文，複文，連体修飾節」の中から一番うまく書けそうなものを選び，それについて「論じる」わけです。

　ところで，「論じる」とは一体どういうことでしょうか。大学の授業では，レポートだけでなく，定期試験などでも，「～について論じなさい。」という設問がしばしば見られます。「論じる」とは，簡単に言えば，「意見を言う」ということです。だから，このA.のレポートは，先ほどの3つのタイプで言えば，「①意見を言う」というタイプになります。

　さて，B.はどうでしょうか。B.は，外国語教授法の中で最もいいと思ったものと最もよくないと思ったものを1つずつあげ，その理由を述べるというものです。「最もいいと思うもの」というのは，もちろん，「あなたが最もいいと思うもの」という意味であるわけですから，このB.も，「①意見を言う」というタイプのレポートであると考えられます。

○「事実を報告する」タイプ

　次に，C.はどうでしょうか。C.のようなタイプ，つまり，用語の解説を行うようなタイプのものは，レポートだけでなく，定期試験などでもよく見られます（ちなみに，大学院の入試などでも，見られることがあります）。このC.が，A.やB.と違うところは，自分の意見を書かなくてもいい，というか，むしろ，自分の意見を書いてはいけないというところです。C.のレポートを作成する時には，「この用語については，私はこう思います……」などというような自分の意見は一切書かず，辞典やテキストなどに載っている内容を要領よくまとめていきます。このようなタイプのレポートが，「②事実を報告する」というタイプのものです。

　D.も同様です。自分の意見は書かず，音声と音韻についての一般的な見解を，例をあげながら要領よく説明していけばいいわけです。ただ，説明する際にあげる例は，辞典やテキストから抜き出してきたものではなく，自分自身が経験・体験して実感したものの方が効果的です。例のあげ方次第で，説明の良し悪しはずいぶん変わるものです。センスのいい例をあげることが，レポートをうまく仕上げるための1つのポイントであるといえます。

　E.は，辞典やテキストなどの本を見て調べるという種類のものではなく，実際に現地に行って調査をするというものです。たとえば，実際に自分がハンバーガーショップなどで買い物をしているところをテープレコーダーで録音し，それを書き起こして文字化する，というようなことをします。だから，これも，

「②事実を報告する」というタイプのレポートであるといえるでしょう。ただし、もちろん、ハンバーガーショップだけでなく、もっといろいろな種類の店に行って録音した文字化資料を作り、それらを比較して考察する（つまり、意見を言う）ということをすれば、「①意見を言う」というタイプのレポートになります。

○「制作する」タイプ

F.は、「あなたは、明日、とても大切な試験があります。今、そのための勉強をしていますが、アパートの隣の部屋の人がすごくうるさいです。文句を言いに行ってください。」というような**ロールカード**を作るというものです。このようなレポートは、「③制作する」というタイプであるといえます。

さて、最後のG.はどうでしょうか。これは、「①意見を言う」と「②事実を報告する」と「③制作する」の統合型であるといえます。言語行動を調べてそれを記述し（事実を報告する）、その中のどの部分にフォーカスを当てるといい教材ができるのかを考え（意見を言う）、そして最後に教材を作る（制作する）ということをするわけです。

> ▷ロールカード
> 「ロールプレイ」とは、外国語の会話教育でよく用いられる役割練習のことで、その具体的な役割の内容を書いたものが「ロールカード」である。

2 「意見」と「事実」

○いいレポートを書くためのコツ

レポートには、「①意見を言う」「②事実を報告する」「③制作する」という3つのタイプがあることを説明してきましたが、「①意見を言う」と「②事実を報告する」の違いがちょっとわかりにくいかもしれません。また、「③制作する」というタイプのものは、美術系の学科などではごく当たり前の課題かもしれませんが、一般的なのは、どちらかと言えば、「①意見を言う」と「②事実を報告する」だろうと思います。

「①意見を言う」と「②事実を報告する」の違いを考える場合、鍵になるのが「意見」という言葉と「事実」という言葉です。意見と事実は、明らかに異なるものであり、これらを明確に区別し、うまく使い分けることが、いいレポートを書くためのコツであるといえます。

○意見とは何か

まず、次の文を見てみてください。

(1) この窓は汚れている。

この文は、「意見」を言っているのでしょうか、それとも、「事実」を言っているのでしょうか。「僕の部屋に来た友達は、みんな、この窓は汚いと言う。だから、"この窓が汚れている"というのは紛れもない事実だ！」と考える方がいらっしゃるかもしれません。しかし、これは事実ではなく、意見です。

なぜなら、「この窓は汚れている」という文には、それを述べた人の「判断」が入っているからです。「判断」は主観的なものなので、人によって変わる可

能性があります。だから，たまたまこれまでに「この部屋」に来た10人は，「汚れている」と言ったかもしれませんが，地球上に住む人全員が「汚れている」と言う保証はありません。普段もっと汚い窓に囲まれて暮らしている人がいたとしたら，その人は，「この窓はきれいだ。」と言うかもしれません。

また，「この窓は汚れている。」という文は，主観的な判断が入っている文ですから，「この窓は汚れていない。」と主張する人が現れた時に，水掛け論になり，議論が進まなくなってしまいます。「この窓は汚れている。」「いや，この窓は汚れていない。」「いや，そんなことはない。この窓は確かに汚れている。」「いや，そんなことはない。……」というような具合です。

●事実とは何か

では，次の文はどうでしょうか。次の文は「意見」を述べているのか，それとも，「事実」を述べているのか，考えてみてください。

(2) この窓には，直径1ミリから1.5ミリの丸いゴミが1,024個付着している。

この文は，意見ではなく，事実を述べていると考えられます。なぜなら，この文には主観的な判断が入っていないため，この文の内容に異議を唱える人がいないからです。もし異議を唱える人がいたとしたら，その人には定規を持ってもらい，実際にゴミの直径を測りながら，その数を数えてもらえばいいわけです。そうすれば，異議の唱えようがなくなってしまいます。

結局，(1)のように，主観的な判断が入っていて，人によって主張が変わり得るのが「意見」であり，それとは反対に，主観的な判断が入っておらず，述べる内容が人によって変わったりしないのが「事実」だということです。

●意見と事実の組み合わせが大切

卒業論文や修士論文，あるいは，われわれ研究者が書いている論文も，つまるところは，この「意見」と「事実」の組み合わせで成り立っているといえます。まずは，「意見」と「事実」をしっかり区別できるようになってください。それが，いいレポートを書くための一番のポイントだと思います。

[課題]
1. みなさんの授業で出されたレポートが，「①意見を言う」「②事実を報告する」「③制作する」のどれに当たるか，考えてみてください。
2. 次の文が「意見」を述べているのか，それとも「事実」を述べているのか，考えてみてください。
   (1)このケーキは甘すぎる。
   (2)私の体重は，67キロである。
   (3)日本の景気は3年以内に回復する。
   (4)カセットテープよりもCDの方が音質がいい。
   (5)坂本修は，1949年4月24日に熊本市で生まれた。

（山内博之）

Ⅲ　レポートを書く技術

　レポートの構成

　レポートを書く手順

◯手順が大切

物事には，たいてい「手順」というものがありますが，レポートを書く時にも，しかるべき「手順」があります。レポートを書く「手順」は，だいたい次のようになっています。

> ①テーマを決める→②テーマを決めた理由を述べる→③先行研究を調べる→④データを集める→⑤自分の意見を言う

すべてのレポートが必ずこうなっている！　というわけではありませんが，このようなパターンはかなり典型的なパターンですので，これをしっかり理解しておけば，レポートを書くのがかなり楽になるのではないかと思います。

レポートを書く時に最も困ることは，どうやって書けばいいのかわからない，何から始めればいいのかわからない，というようなことだと思いますが，そのような時には，ここで述べる手順を思い出してください。

◯個人的な理由はダメ

レポートを書く時に，「①テーマを決める」のは当然のことですが，その後に必ず，「②テーマを決めた理由を述べる」ことが必要です。しかし，「テーマを決めた理由」というのは，学術的なものでなければならず，個人的なことではダメです。

たとえば，「日本語学習者のニとデの習得について」というテーマを選んだとします。その際に，「以前から興味があったから」「担当の先生が勧めたから」などという理由ではダメで，「日本語では，場所を表す名詞にニかデを付けるが，日本人はそれらを述語の種類によって使い分けている。しかし，日本語学習者の場合は，述語の種類ではなく，名詞の種類によってニとデを使い分けていると思われるケースが観察される。だから，学習者のニとデの使い分けにはどのようなルールがあり，それが，初級→中級→上級と学習段階が進むにつれてどう変わっていくのかを調べてみたい。」というようなものである必要があります。

授業の課題レポートの場合には，テーマが決められている場合もあるので，

▷場所を表すニ・デ
「学校にいる」の「に」や，「学校で勉強する」の「で」のことである。日本人は，普通，「いる」「存在する」「住む」など，存在の意味を表す動詞の場合にはニを用い，「勉強する」「遊ぶ」「走る」など，動作の意味を表す動詞の場合にはデを用いる。

▷外国人日本語学習者には，「前」「上」「横」「中」などの位置を表す名詞の後には，デではなく，ニを付けてしまう傾向があるというようなこと。つまり，「郵便局の前に友達を待ちます」などと言ってしまうということである。興味のある方は，野田尚史・迫田久美子・渋谷勝己・小林典子　2001　日本語学習者の文法習得　大修館書店，を参照のこと。

そのような場合には，「①テーマを決める」と「②テーマを決めた理由を述べる」は省略してもかまいません。しかし，なぜそのテーマでレポートを書く必要があるのだろうか，ということを考える習慣は，つけておいた方がいいと思います。

◯ 研究の目的

「②テーマを決めた理由を述べる」のと同時に，このレポートで明らかにしたいことは何か，つまり，「研究の目的」も明確にしておく必要があります。テーマを決めた理由を学術的な観点からしっかり書いていくと，研究の目的もおのずと明らかになる，ということがよくありますが，いずれにしても，「このレポートではこういうことを目的にしているんだ！」ということが，はっきりと読み手に伝わるようにしておくことが大切です。

2 先行研究を調べる

◯ 先行研究とは何か

「先行研究」とは，「過去に行われた，その分野の研究」のことです。ですから，「先行研究を調べる」というのは，そのテーマに関する過去の研究を調べるということになります。たとえば，先ほどの「日本語学習者のニとデの習得について」というテーマなら，日本語学習者のニとデの習得に関して書かれた論文や本，あるいは，ニとデ以外の助詞の習得に関して書かれた論文や本を概観するわけです。それによって，「ここまではわかっているが，ここから先はわかっていない」ということを明らかにします。レポートを書く人の気持ちとしては，「ここまではわかっている」ことを示すよりも，「ここから先はわかっていない」ことを示す方が重要で，次の「④データを集める」では，「わかっていない」部分を明らかにするために，データを集めることになります。

◯ 授業との関わり

授業というのは，いわば「先行研究を体系的に説明していく」ものであるといえます。ですから，授業の課題レポートの場合を考えると，「③先行研究を調べる」というのは，ある程度はすでに授業でやってしまっているということもよくあります。たとえば，「**第二言語習得論**」という授業で，第二言語習得についての一般的な理論や学説を紹介し，さらに，動詞や形容詞の習得研究や否定文の習得研究などについて解説し，その後に，学期末のレポートとして，「日本語のニとデの習得についてまとめる」という課題を課す，というようなケースです。

このような場合，授業で扱われた内容をわかりやすく自分なりにまとめ直すことも大切ですが，それだけでは不十分な部分を自分で調べてくることが重要です。たとえば，大学の図書館に行ったり，インターネットを使ったりして，過去の研究を探し，それらをわかりやすくまとめていきます。

▷第二言語習得論
「第二言語」とは，二番目以降に習得した（あるいは，習得する）言語のことである。たとえば，日本人にとっては，英語やスペイン語，中国語などがそれに当たる。「第二言語習得論」とは，第二言語がどのように習得されていくかを探る学問のことである。

③ データを集める

○ データとは何か

テーマを決め，そして，その分野で過去にどのような研究が行われてきたのかがわかったら（つまり，どのようなことがまだ明らかにされていなくて，自分が何をすればいいのかがはっきりわかったら），次にすることは「④データを集める」ということです。

「データを集める」というと，みなさんはどのようなことを思い浮かべるでしょうか。たとえば，朝顔のつるが毎日何センチ伸びたか記録をとる，というのも「データを集める」ということになりますし，江戸時代に出版された本の縦横の長さを測る，というのもそうです。

また，「データ」というのは，必ずしも数字である必要はありません。たとえば，最近の若者の言葉の乱れについての中高年層のコメントを集める，などというのもデータになりますし，芥川龍之介の小説の中から「夜」という語が含まれている文をすべて集める，などというのもデータになります。

○ 定量データと定性データ

朝顔のつるが毎日何センチ伸びたかを記録するというような，数字として表すことができるデータを「定量データ」と言い，最近の若者の言葉の乱れについてのコメントを集めるというような，数字で表すことのできないデータを「定性データ」と言います。定量データと定性データで，どちらがどちらよりも大切だ，というようなことはまったくありません。レポートのテーマや分野，研究の目的などによって，どちらのデータを集めた方がよいのかが決まります。

前章で，レポートには，主に「意見を言う」タイプのものと「事実を報告する」タイプのものがあると説明しましたが，今みなさんが書こうとしているレポートが「事実を報告する」タイプのものであるなら，ここまでに述べてきたステップを踏むだけで，とりあえずはＯＫです。つまり，「①テーマを決める→②テーマを決めた理由を述べる→③先行研究を調べる→④データを集める」という手順を踏み，あとは，データをまとめればいいわけです。

ただし，「事実を報告する」タイプのレポートであっても，「意見」を書いてはいけないというわけではありません。データをまとめたら，そこから言えると思うことを「意見」として書くことも，大切なことです。

④ 意見を言う

○ 最も多いレポートのタイプ

さて，ようやく「⑤意見を言う」という最終段階にやってきました。前章で，レポートには，「①意見を言う」「②事実を報告する」「③制作する」という３つのタイプがあるということを書きましたが，この三者の中で最も多いのが，

「①意見を言う」というタイプのものだと思います。つまり，「～について，思うところを述べなさい。」というようなタイプのものです。このようなタイプのレポートを書く時には，基本的に，「①テーマを決める」から「⑤意見を言う」までのすべての手順を踏む必要があります。

◯ データの役割

先ほど，「データを集める」ということについて書きましたが，ところで，データは何のために集めるのでしょうか。その答えは，「意見を言うため」です。データは，ただやみくもに集めればいいというものではなく，「意見を言うため」に集めるものなのです。それでは，どうして，意見を言うために，データを集めることが必要なのでしょうか。

前章であげた2つの文を，もう一度見てください。

(1) この窓は汚れている。
(2) この窓には，直径1ミリから1.5ミリの丸いゴミが1,024個付着している。

Ⅲ-1では，(1)は「意見」を述べている文であり，(2)は「事実」を述べている文であるということを説明しました。しかし，(1)は，意見であるとはいっても，これだけでは，本当に説得力のある意見にはなりません。(1)を本当に説得力のある意見にするためには，(1)を(2)と組み合わせ，次の(3)のようにする必要があります。

(3) この窓には，直径1ミリから1.5ミリの丸いゴミが1,024個付着している。だから，私は「この窓は汚れている」と判断した。

つまり，「意見」は，必ず「事実」と組み合わせて言わなければいけないということです。(2)は，それだけを見ると単なる「事実」ですが，(3)のように言った時には，単なる「事実」ではなく，「意見」の正当性を支えるための「根拠」になっています。

結論を言えば，「データ」というのは，「意見を言う」ための「根拠」になるものです。だから，データがしっかりしていなければ（つまり，データがしっかりと「根拠」の役割を果たしていないのなら），意見は説得力のないものになってしまいます。

［課題］
次にあげる「意見」の根拠となる「事実」には，どのようなものがあるか，考えてみてください。
①日本人は勤勉だ。
②スポーツマンは性格が明るい。
③男性よりも，女性の方が語学の上達が早い。
④日本と韓国の関係は，これからもますます緊密になっていく。

(山内博之)

Ⅲ　レポートを書く技術

レポートの書式とマナー

はじめに

　前章までで，レポートにはどんなことを書くのか，またそれをどのように書かなければならないかを学習しました。本章以降は実践編です。どれほどいいアイデアが頭の中に浮かんでも，それをレポートとして作成するためにはいくつものルールやマナーがあるのです。それを学んでいきましょう。

2　レポートのマナー（書式編）

◯字　数

　レポートは提出する際に，先生によってさまざまな指定がなされます。これは必ず守ってください。字数制限が「〜字以内」ならそれより多く書いてはいけません。かといって，極端に少なすぎるのもマナー違反です。「〜程度」の場合は，大体それくらいの字数にします。

◯ワープロで書く

　最近は，レポートに限らず，発表資料等何でも，ワープロで印刷するのが常識です。また，特に指定がない限りはＡ４用紙に横書きで書くのが普通です。１行40字で１ページ30行が標準的な文字数のようです。この書式で書くと，一枚分が原稿用紙３枚に相当するので，読む方としても，何枚書いてあるかがすぐわかり便利です。ワープロには書式を設定する機能がついていますから，それを用いて設定します。レポートの末尾に，**字数および文書のスタイル**をつけておくのも親切です。

◯書き言葉で書く

　日本語では，**書き言葉**と話し言葉の間に歴然とした差があります。レポートで使用する言葉は，書き言葉，それも，今私が書いているような「です，ます」調の文体ではなく，「である」調の文体を使わなければなりません。それに応じて，使用する語彙も，書き言葉にふさわしいものでなければなりません。

◯見直す

　見直しはとても大切です。ワープロを使うからミスはないということではありません。ワープロならではのミスがあります。

・変換ミス：試験管→試験官／緒問題→諸問題

などのミスは，微妙で見つけにくいので特に注意が必要です。また，切り取っ

▶ワープロの使用
手書きのレポートでも提出を認める先生もいるが，どちらかといえば少数派である。

▶字数および文書のスタイル
たとえば（40字×30行，40,000字）など。

▶書き言葉
本書では，書き言葉について詳しく解説する紙幅がない。詳しくは，浜田麻里・平尾得子・由井紀久子1997　大学生と留学生のための論文の書き方　くろしお出版，を参照。

て貼り付けたりすることで起こるミスもありますし，手書き同様の誤字・脱字もあるでしょう。これらをなくすために，提出の前に必ず2回は見直しましょう。

◯表紙をつける

特に指示がない場合は，表紙をつけましょう。表紙は学校指定のものがある時もあれば，自分で作成する場合もあります。自分で作る場合には，レポートのタイトル，講義名，所属，氏名，学籍番号，提出日を明記します。特に学籍番号がないと，先生は何百人もの名簿の中からあなたの名前を探すことになり大変です。

◯バラバラにならないように

しっかりホッチキスでとめましょう。1箇所だけとめる場合には，左上をとめます（縦書きの場合は右上をとめます）。2箇所とめる場合には，上を2箇所とめます。パンチで穴をあけて，そこにひもを通すという方法もあります。いずれにしても，せっかく書いたレポートがバラバラになって，他の人のものと混ざってしまわないようにすることが大切です。なお，この場合も指示がある場合にはそれに従わなければなりません。

3 レポートのマナー（内容編）

◯節や章をつける

レポートはある程度の量を書くことになります。このような場合に，もし読書感想文のように，タイトルを書いてその後は区切りなく続けていけば，読む方も読みづらいですし，書く方もどこに何を書いたかわからなくなってしまいます。これを避けるために，レポートでは章や節を作って，あるまとまった内容で区切っていきます。

◯節をうまく利用する

節は，どこで区切らなければならないという決まりはなく，筆者のセンスに任されています。大まかな構成を組み立てて，それを細分化していくとよいでしょう（Ⅲ-4-3参照）。なお，本書では節のタイトルはゴナ体という文字になっていますが，一般的にはゴシック体を使用することが多いです。節の冒頭がわかりやすいようにすることが大切です。

  1．はじめに
  2．指示詞とは
   2.1　現場指示と文脈指示
   2.2　記憶指示
  3．指示詞と日本語教育
   3.1　現場指示の教育
   3.2　文脈指示の教育

3.2.1　会話教材を用いた授業
3.2.2　聴解教材を用いた授業
3.2.3　……

④ その他のルール

○段落を作る

段落のない文章ほど読みにくいものはありません。適当なまとまりごとに，段落をつけます。10行以内で一段落を構成するのがよいといわれています。

○句読点と漢字

句読点の使いすぎや，使わなさすぎも読みにくさの原因です。また，意味が二重に解釈されそうな場合には，読点が決定的な役割を果たす場合もありますから注意が必要です。

・（例）赤い車と自転車→赤い，車と自転車／赤い車と，自転車

また，何でもかんでも漢字で書くのも避けましょう。「～という」「～てみる」などの補助動詞はひらがなで書くのが普通ですし，「いわゆる（所謂）」「また（又）」のように，ひらがなで書いた方がいいものもあります。

○引用したら出典を明記する

誰かの意見をそのまま使って自分の主張を行ったり，雑誌に出ている表やアンケートの結果をそのまま自分のレポートに掲載したいということは当然あります。このような場合はそれらを「引用」します。引用の仕方には，ルールがあります。Ⅲ-6で詳しく見ることになりますが，どれが自分の文章で，どれが引用したものであるかは，明確に区別する必要があります。友達や先生から聞いた話などにも，「…（A氏／先生との私談による）」などと，それが引用であることを明記します。

○自分の意見は明確に

高校生や，入学したての学生の文章を見ていると，自分の意見を述べる時に次のような表現が出てきます。これらの表現では，自分の意見を述べるには弱すぎ，矢印の右側のような表現にした方がいい場合があります。

・～だと思われる→～だと思う
・～であろう→～である

⑤ 表紙と書き始めの例

○レポートの表紙

横書きの場合は左端をホッチキスでしっかりとめる。縦書きの時は右端をとめる。

▷盗作はだめ！
レポートは，あなたが自分で書くものだ。新聞や雑誌，テキスト，インターネットなどから，他人が書いたものをほとんどそのまま丸写ししたものを提出することは，あなたの成績を下げるだけでなく，「盗作」になる。この行為は厳密にいえば犯罪行為である。もし，公に出るような論文で盗作を行った場合，停学や退学などといった厳しい処分が課せられる。みなさんがどんなに調べて，誰も知らないような本から盗作したとしても，それを読む先生は，その分野のプロだから，すぐに見抜かれてしまう。どんなに内容がよくないレポートでも，盗作よりはましである。

平成14年度後期日本文化学レポート
（講義番号：123789）

現代若者の行動と鎖国が我が国に与えた影響について
文学部言語文化学科一年
峰　留馬夫

学籍番号：B0211111111

提出年月日：平成14年10月15日

◯書き始め

現代若者の行動と鎖国が我が国に与えた影響について
峰　留馬夫

1．はじめに
　本レポートでは，現代若者の行動が，江戸時代の鎖国政策から少なからず影響を受けていると考えられることを，いくつかの資料と調査に基づいて論じる。……

［課題］
1．本章の文章を，レポートで使用するのにふさわしい文体に直しなさい。
2．「喫煙者の権利について」というレポートを書きました。このレポートの表紙を作成しなさい。
3．A4版，40字×30行でレポートが書けるように，あなたのワープロの書式を変更しなさい。

（堤　良一）

III　レポートを書く技術

 レポートの書き方：実践編

 テーマが与えられる

　この章では，実際に課題が与えられたことを想定して，どのような手順でレポートを作成すればよいかについて学習します。次のようなテーマでレポートが課されました。

　テーマ：「最近の社会問題について，Ａ４紙５枚程度でレポートせよ。期限は本日から１か月とする。」

○スケジュールを立てる

　まずは期限までの時間と，みなさんのアルバイトやサークルなどの都合を考えて，大まかなスケジュールを立てます。スケジュールは大抵その通りにいかず，遅れがちになるものですから，少し余裕をもたせましょう。

- テーマを絞る→構成を考える→資料収集→資料の整理→執筆→推敲→校正→提出

　どのようなテーマが出されても，レポート作成の大まかな流れは大体同じです。要は，これらの流れを，自分の生活スケジュールの中に無理のないように埋め込んでいけばいいのです。図表や調査などの具体的な方法は，それぞれⅢ-７以降，Ⅳ-８以降に任せるとして，ここではその他の部分について，順を追って見ていきましょう。

○テーマを絞る

　レポートの課題というものは，たいていの場合，それ自身がレポートのタイトルとして使えるほどピンポイントなものではありません。テーマの出され方としては，上のものの他に次のようなものも考えられます。

- 「この講義を受けて，疑問に感じたところについてレポートせよ」
- 「日本語教授法としての**直接法と間接法**についてレポートせよ」

　講義の中からテーマを選ぶ課題では，講義ノートを見てテーマを絞ります。「直接法と間接法について」でも講義ノートを見直すわけですが，果たしてこの問題について何を述べるのか，最初から絞っておかなければなりません。書きたいことがたくさんあるかもしれませんが，なるべく１つに，かつ具体的にテーマを絞ります。直接法が適しているクラスとそうでないクラスについて述べるのか，直接法と間接法を比べてメリットとデメリットを述べ，最終的にどちらも必要だと主張するのか，はたまた直接法よりも間接法の方が効果が高い

▷**直接法と間接法**
日本語がネイティブでない人（非母語話者という）に，日本語を教える際，その人の母語を用いずに日本語のみで教える方法を直接法といい，その人の母語を媒介語として利用して教える方法を間接法という。みなさんが高校までで学習した英語は，ほとんどが間接法によって教えられている。

という主張をするのか，この段階で決めておきます。ここでは，「喫煙者の権利」というテーマを選び，それはもっと擁護されるべきであるという主旨でレポートを書くということにしましょう。

◯ 構成を考える

この段階で，大まかな構成を考えます。レポートは，自分の主張を述べることがその最終目標です。そのためには何を示して，どのような資料が必要かを考えておく必要があります。みなさんは数学の証明問題を解いたことがあるでしょう。証明問題では結論が先にあって，それを証明するためにどうすればいいかを考えたと思います。レポートも基本的には手順は同じです。

ここでは，「喫煙者の権利は擁護されるべきだ」が最も主張したいこと，すなわち結論になるわけです。この主張をしたいとしたら，どのように論を展開すればよいでしょうか。喫煙者の権利についての現状を調べ，彼らの権利が擁護されていないということを示した後に，どうして擁護されなければならないのか，その必要性を述べる……といったような手順が必要でしょう。

結論や主張を述べるためには，どのようなことを言わなければならないかを考えることで，論理的な構成を立てることができるでしょう。

▷ちなみに，このようなテーマ設定は，むしろ論文として扱わなければならないほどのものになる。

◯ 資料収集，資料の整理

構成を考えたことで，どのような資料が必要かが大体わかります。新聞や雑誌で，喫煙やたばこの問題についての記事を探します。古い新聞や雑誌のバックナンバーは図書館にあります。また，インターネットの検索サイトを利用するのも一つの方法でしょう。

◯ 執　筆

資料が集まったら，思い切って書き始めてみます。書き方については後述しますが，書いてみて初めて見えてくる問題や現象があったりします。本格的な執筆の前に下書きや草稿を練る必要はないと思います。ワープロで作成するのですから，後でいくらでも段落の順序を変えたり，時には節と節との間に，新たに節を加えることも簡単だからです。

▷図書館の利用
図書館の使い方は必ず知っておかなくてはならない。本の借り方や返し方から始まって，書庫への入り方（そもそも書庫に自由に出入りできるか）や，図書館にない文献の複写依頼の仕方などは，大学によって違う。図書館が行うガイダンスに参加して，情報を入手しよう。

◯ 推敲，校正

書き上がったレポートは，見直してみて，内容の流れはいいか，文章は不適切ではないか，段落構成や節構成は適切かなどを再度検討する必要があります。この作業を推敲といいます。推敲が終わったら，最終的に印刷してみて，誤字・脱字をチェックします。いくらいいレポートでも，誤字・脱字が多いと印象が悪くなります。最低でも1回は校正をしましょう。

▷検索サイトの利用
論文を読むことも必要になるかもしれない。その場合の文献の探し方は V-5 「文献の探し方」を参照のこと。

② レポートの構成

◯ 三部構成の文章（さらば起承転結）

レポートの構成は基本的に序論，本論，結論という三部構成です。高校まで

の小論文ではよく，起承転結の四部構成で書くことがあったと思いますが，この書き方はレポートでは用いません。特に「転」の部分は全く不要です。

○序　論

序論では，このレポートでどんなことを問題にして，どのような主張をするのか，そのためにどのような議論を展開するのかということを簡単に書きます。ここで大切なのは，先に結論を書いてしまうということです。これにより，読者はレポートの論を追っていきやすくなります。

○本　論

本論では，実際に集めた資料や調べたことなどを用いながら，議論を展開していきます。上記で考えた構成にしたがえば，喫煙者の権利についての現状についての記事や調査などを報告し，彼らの権利が擁護されていないということを示した後に，どうして擁護されなければならないのか，その必要性を述べるのが本論です。

○結　論

結論では，本論で述べてきたことをもとにして，自分の主張を述べます。この主張は，序論で述べた主張と同じものでなければなりません。

最後に，参照文献表や資料などを添付します。

③ 節の構成

節の構成にはさまざまなパターンがあり得ますが，ここでは序論を第一節とします。すると本論は第二節から始まるということになります。第二節で，喫煙者の権利が擁護されていないということを示し，第三節で彼らの権利を擁護する必要性について述べます。第四節では結論を述べます。

節においても，基本的には第二節の構成を意識するとよいでしょう。一つひとつの節で，何が言いたいのか，そのためにどのような議論をするのか，そしてその結論という具合に進めていきます。

④ 本論でのテクニック

上で，レポートの大まかな構成を述べましたが，特に本論の中では，やらなければならない作業がいくつかあります。

○先行研究の検討

もし，選んだテーマについて，みなさんよりも先に論文などを書いている人がいたなら，その人の主張について検討を加える必要があります。論文においてはこの作業は必須ですが，レポートでは本章の例のように必ずしも必要ではない場合もあります。

先行研究の主張に対しては，①賛意を表する，②反論する，③賛意を表しながら修正を加える，などの選択肢があります。②や③の場合は，反対して自分

の意見を提出するわけですから,問題ありませんが,①の場合は,下手をすると最初から最後までその人の意見にべったりで,あげくのはてには本論までもがそっくりになってしまったなどということもあり得ます。これを防ぐためにも,最初の段階で自分なりの構成を考えてから資料の整理にあたることが重要です。たとえ結論が同じでも,そこへたどり着くまでの道のりが,みなさんのオリジナルであることが大切です。

◯反論する

もし,自分の主張にとって都合が悪いような資料が発見されたらどうしますか？ 見てみないふりをして無視しますか？ このような資料や主張には反論を加えなければなりません。反論を加えることで,その主張が正しくないことを示すことができ,それが自分の意見の正当性を主張することにもつながるのです。

反論するのは意外と難しいものです。特にわれわれ日本人は,論理的に反論するということを訓練されていませんからなおさらです。しかし,いいレポート・論文を書くためには,このテクニックは必要不可欠です。「この資料の作り方に問題はないだろうか」「この人の言っていることは本当に正しいだろうか」と常に考え,問題点があるとしたらそれはどこかを,適切に見極める能力を養ってください。

◯言い尽くせないことは……

1つのレポートで述べられることには限りがあります。「こういう問題があるんだけど,この分量では書けない／このレポートには入れない方がいい」と感じたら,次のように書きます。

- 〜〜〜は今後の課題である。
- 〜〜〜については,紙幅の関係で割愛する／別稿に譲る。
- 〜〜〜は本稿の考察対象から除外する／本論では論じない。
- 〜〜〜の点は,機会を改めて論じる。

　[課題]
1. 「若者文化について6,000字程度でレポートせよ」という課題が出ました。本章の内容に沿って,おおまかな構成を考えなさい。また,できることなら書いてみなさい。
2. 次の主張に対して,考え得る反論をしなさい。どのようなことを示せば,このような主張に反論することができるか,自分なりに考えなさい。
　　ⅰ) 学校教育には,「ゆとり」が必要だ。
　　ⅱ) 真の国際人を育成するために,英語は小学校から教えるべきだ。
　　ⅲ) 文系の学問は社会の役に立たない。
3. 上の主張に反論する主旨のレポートを書くためには,どのような節立てがよいか。具体的に考えなさい。　　　　　　（堤　良一）

Ⅲ　レポートを書く技術

　表現を洗練させる

1　はじめに

本章では，実際の例を見ながら，レポートや論文を書くときに使わなければならない表現について学んでいきます。それでは課題をやってみて下さい。

2　課　題

以下の文章の下線部を，レポートや論文に相応しい表現にしなさい。

> 　指示詞ソノの研究<u>では</u>，その構造<u>とか</u>機能が異なる二種類のソノが存在すると<u>言われています</u>（林（1972, 1983），田中（1981），坂原（1991），庵（1995, 1996）等）。<u>でも</u>，天野（1993），金水（1999）ではこの見解に疑問が投げかけられ，ソノは一種類であるとされてます。<u>この論文では</u>まず，これらの先行研究を検討し，ソノは一種類であるとの結論を導く。次に，二種類であると主張する根拠となる現象を詳細に検討し，堤（準備中）のモデルを使用すれば，ソノを一種類だと分析しても説明<u>できちゃうことを言います</u>。
> ……………………………（中略）…………………………
> 　<u>だから</u>，このような分析で問題となるのは，ソノが付与される名詞のタイプであるということになる。つまり，どのような名詞が連想照応を引き起こすのか，また，そのような名詞は常に連想照応になるのかなどの点を明らかにする必要がある<u>でしょう</u>。坂原（1991）は，フランス語と日本語の限定表現を対照的に研究したもの<u>であるので</u>，コノ，アノとソノの使い分けは考慮されていない。しかし，金水（1999）も指摘するように，なぜ，コノ，アノは連想照応に使われ得ないのかという問題点は，解決されなければならない問題<u>だ</u>。

> 　前節までに挙げた先行研究からは，代行指示のソノと指定指示のソノは異なった構造を有するものなのか，<u>または</u>単に，それらが付与される名詞の性格によってその振る舞いが異なってくるものなのか，にわかには<u>決定しにくいです</u>。前者の立場に立てば，ソノには二種類があるということを

▷ここで解説している書き言葉はほんの一例に過ぎない。結局，その場その場にあった書き言葉を自分のものにしていこうとすれば，地道に書き言葉で書かれた本や論文を読んで，それを模倣していくしかないと思う。この章で練習するように，「です，ます」調の文体を論文調の文体に変える練習をたくさんしてみるのもいい方法だ。

▷〈謝辞〉ここで実例としてあげた文は，堤良一 2002 指定指示と代行指示 応用日本語研究，創刊号，の一部を改変したものである。改変，転載を快諾してくださった応用日本語研究会の中井精一氏，後藤寛樹氏（ともに富山大学）に感謝の意を表す。

認めることになるし，後者の場合ではソノは一種類を立てておきさえすればよいことになる。特に根拠が<u>ないんだったら</u>，たとえ振る舞いが異なるように見えていても，それを二つの別のものとして扱うよりは，一つのものがそれが使用される環境によって異なった働きをするとしておいた方が，分析として簡素であるし，好ましい方向であると<u>考えられます</u>。

・・・・・・・・・・・・・・・・（中略）・・・・・・・・・・・・・・・・

　以上，<u>この節では</u>庵（1995）の主張である(3)のうち，(3ab)に対する反論を行った。次節では(3e)の，代行指示のソノは意味を持たないという記述について検討<u>したいと思います</u>。

・・・・・・・・・・・・・・・・（中略）・・・・・・・・・・・・・・・・

　庵は，代行指示のソノは「それの＞その」であると<u>主張して</u>，(21ab)が文法的で，(21cd)がそうでないのは，コノは「これの＞この」という派生過程で，レ系指示詞で人を承けることによる運用論的問題（近藤(1992)）が生じるためであるとしている（p.99）。

3　解　説

○話し言葉を使ってはいけない！

次のような言葉は，話し言葉ですからレポートでは使わないようにしましょう。

```
×言われています     →○言われている
×あるでしょう      →○あるだろう
×問題だ         →○問題である
×問題なんです      →○問題なのである
×決定しにくいです    →○決定しにくい／しがたい
×〜ではありません    →○〜ではない
×〜ではないんです    →○〜ではないのである
```

「です，ます」調はだめです。「である」調で書きます。「だ」調も普通は用いられません。また，形容詞や名詞の場合にも「です」をつけてはいけません。

```
×ないんだったら     →○ないのであれば
```

「〜たら」は書き言葉では使用されることが少なく，このような場合には「〜ば」を使います。

III　レポートを書く技術

▶その他のよく使われる表現（上級編）

本文で解説したものの他に，知っておくと便利な表現をいくつかあげてみよう。

Aだけ→Aのみ
最近／近頃／この頃→近年／昨今
図を見てください→図を見てみよう／見ていただきたい
もう一度（同じ図や例を）あげます（大分前のページにあげたものを再びあげたい時に使う）。→再掲する。
はっきりとよくわかる説明です。→明示的／明解／説得的な説明である。
とても優れた見解です。→卓見である。
（同じレポートの中で）前に書いたのと同じです。→前述のとおりである。
（同じレポートの中で）後で言います。→後述する。
詳しく書きます。→詳述する。
山内（2000）を見てください。→山内（2000）参照のこと。
山内（2000）の理論を使います。→山内（2000）で提示されている理論を援用する／用いる。
理論を少し変えて使います。→理論を修正し，使用する。
田中（1999）と同じ意見です。→田中（1999）と同一の見解である。田中（1999）に賛意を表する。田中（1999）と立場を一にする。
田中（1999）に反対します。→田中（1999）には納得できない点がある。田中（1999）と立場を異にする。
これから引き続き研究したいです。→今後の課題としたい／課題である。

| ×検討したいと思います | →○検討したい |
| ×考えてみましょう | →○考えてみよう |

「〜たい」や「〜みよう」は，「これから〜をしますよ」という意味でよく使用されます。

×主張して，	→○主張し，
×〜ではなくて，	→○〜ではなく，
×でも	→○しかし
×されてます（省略してはダメ！）	→○されている
×できちゃう（縮約形もダメ！）	→○できてしまう
×だから	→○したがって
×〜とか言っている	→○〜などと述べている
×〜とか……	→○〜や……
×めちゃくちゃ／とっても	→○非常に／極めて

このあたりになってくると，常識で考えても書くべきではないことがわかりそうなものですが，時々実際にあります。当然のことですが，「よ，な，ね」などの終助詞も用いてはいけません。また，「ピカピカ」「スラスラ」などの擬音語，擬態語もダメです。

○レポートや論文でよく使う表現

この論文	→本論，本稿，拙論
このレポート	→本レポート，本稿
言う	→述べる
または	→あるいは
私	→筆者，論者
	（発表であれば発表者）

○その他の便利な表現

前者／後者
　指示には現場指示と文脈指示がある。前者（＝現場指示）は〜〜〜，後者（＝文脈指示）は……である。

前節／次節
　前節では，〜〜ということを述べた。次節では−−−であると主張する。

以上／以下

以上，〜〜であることを説明した。以下では，……という現象が見られることを報告する。

思われる／考えられる／思う／考える

　これらの表現は，どの表現を使ってもいいですが，どれか1つの表現に偏りすぎることのないようにしましょう。ですから，53ページ目の1段落目の最後の「考えられる」は「考える」でも「思う」でもいいわけです。

　この表現については，「思う」「考える」という表現は使わない方がいいと習ったことがあるかもしれませんが，決してそんなことはありません。英語の論文などでは "I think that〜" という表現が頻出します。

　前章の最後にも書いたことですが，レポートというのは，極力言いたいことを絞って書くのが普通です。「たばこ」について書く場合，もし「たばこと健康」というタイトルにしたのなら，それ以外のことについては言及しないようにしなければなりません。もちろん，論文では章を変えて「たばこと税」「たばことマナー」「たばこの歴史」「たばこの効用」「たばこと日本人」「たばこのこれから」等のように論じていくことが可能ですが，重要なことは1つのセクション（章や節）では，述べることは1つにすることです。あれもこれも……と書いていくのは，結局問題の表面だけを論じたことになり，深みのないレポートになってしまいます。そこで，以下のような表現を用いるとよいでしょう。本文に書くこともあれば，脚注で扱うこともあります。

- 考察対象からはずす場合
「〜は重要な問題ではあるが本論では議論しない」
「本論ではこれ以上は述べない」
「本稿での考察の対象ではない」
「本節の興味の中心ではない」
- まだ答えが用意できていない問題がある場合
「この問題は未解決であり，今後の課題である」
「今後のさらなる研究を待ちたい」
「未だ議論が不十分であり，これ以上は立ち入らない／触れない」
- 書くスペースがない場合
「紙幅の関係上，割愛する」
「本稿で論じる余裕がない」
「別稿に譲る」
「稿を改めて論じることにする」
- 本論でわざわざ説明しなくても，他にいい解説書や説明がある場合
「〜については，山内（1999）を参照されたい」
「〜は村本（2001）が詳しく論じているのでそちらを見られたい」
「〜についての詳細な議論は堤（2002）に譲るが……」

（堤　良一）

III　レポートを書く技術

 引用の方法

1　「引用する」とは

○「引用」の使い方

レポートや論文などアカデミックな文章を書くときは，自分の意見や自分が得た結果のみならず，他の人の意見や資料を引き合いに出しながら書くことがしばしばあります。

自分の意見を支持する補強材に使ったり，分析枠組みとして利用したり，結果の解釈に活用したり，これまでの研究の流れを整理して呈示したり，さまざまな使い方があります。学問の蓄積の上にたって書けば，深いことが書けます。大規模な統計などの情報を加えれば，豊かな記述ができます。

○引用には作法がある

引用するときは，どこの誰の意見や資料であるかを，きちんと示さなければなりません。「どこかできいたことがある」といわれても，本当に信用できる情報なのか疑問がわくでしょう。「○○は○○である」と人の意見を書いても，自分の文章と区別していなければ，盗作になってしまいます。

引用を示すための，一定の書き方が発達しています。アカデミックな文章を書く時の基本的な技術として，覚えておいてください。エッセイや小説とは異なる，学問的な文章作法の一つといえるでしょう。

2　文中の引用

○文章の中に入れる

文章の中での引用には，関連する文章の直後に，発表者と発表年を入れていきます。大きく分けて次のような方法があります。

- 文中に人名を出し，年号をカッコ内に書く。

    ホフステッド（1995）は，人間の行動を心のプログラムの所産と考え，それをメンタル・プログラミングと呼んだ。

- 文の区切りにカッコをつけて，人名と年号を書き入れる。

    人間の行動を心のプログラムの所産と考えた場合，それをメンタル・プログラミングと呼ぶ（ホフステッド，1995）。

- もとの文章を，幅を狭くしたり字を小さくしたりして，直接引用する。

    ホフステッド（1995）は，人間のメンタルプログラムの形成について，以下

▶ホフステッド（1995）とは，ギールト・ホフステッドという人が1991年に書いた *Cultures and Organizations, Software and the mind* という本を，岩井紀子さんと岩井八郎さんが日本語に訳し，『多文化世界』という題名で，有斐閣という出版社から1995年に発売した本からの引用を意味する。英語版の出版社はイギリス（UK）の Mcgraw‐Hill International 社である。引用のたびにこのように長く書くのは大変なので，引用したものを短く記する方法が発達している。

▶もっと簡単でスペースの省ける方法もある。「人間のメンタルプログラミングは，3層に分かれ……」などと，関係する言葉や文章の右上に小さく数字を打つことがある。巻末に，該当する番号とともに文献を記していく。

のように述べている。

> それぞれの人のメンタルプログラムの源は，その人が成長し，人生経験を積み重ねてきた社会環境の中にある。プログラムの組み込みは，過程の中で始まって，近隣，学校，若者の仲間集団，職場や地域でも続けられる。

◯図表の下に書く

図表が引用によるものである場合は，その旨を図表の表題の下に書き添えます。

図　人間のメンタルプログラミングの3レベル
（ホフステッド，1995）

3 引用文献の書き方

◯引用文献のリスト

引用した資料は，レポートや論文の最後に，一定の形式で**リスト**にして付けます。情報の提示順序，『　』やピリオドなどの**記号の入れ方**などは，専門分野ごとに異なります。教科書の巻末にある参考文献表などを見てみましょう。その書き方が，あなたの分野での書き方です。

以下では，例として心理学領域で一般に用いられている引用文献の作り方の中から，代表的なものをあげておきます。

◯日本語の本

1冊全部，本全体の内容を要約してを引用するときは，著者，年号，書名，出版社名を書きます。1章だけ参照したときは，章の情報の後に本の情報を書きます。翻訳書は，日本語の書名を書いてから，外国語の書名をカッコで付けます。

```
柄澤昭秀　1983　老人のぼけの臨床　医学書院
　↑著者　　↑発表年　↑書名　　　↑出版社

堀毛一也　1997　パーソナリティーと役割　白樫三四郎編著　社会
　↑章の著者　↑発表年　　↑章のタイトル　　　↑編著者
```

▷リスト
文献の掲載順は，心理学領域ではたいていアルファベット順だが，他に五十音順，本文中の記載順などがある。

▷記号の入れ方
たとえば「多文化世界」とか『多文化世界』などと書名にカッコを付けたり，最後にピリオドを付けて「社会心理学研究　5, 35-51.」などとする。

▷ここでは本と論文の例をあげた。論文とは何か，学問的な資料にはどのようなものがあるのかは，V-4「文献を使いこなす」およびV-5「文献の探し方」を参照。

▷編著者
編者と編著者は似た言葉だが，編集のみなら編者，編集作業に加えて書いてもいるときには編著者と呼ぶ。

III　レポートを書く技術

```
　　　　心理学への招待　ミネルヴァ書房　pp. 163-180.
　　　　↑書名　　　　　　↑出版社　　　↑章のページ

フィードラー，F. E.　山田雄一（監訳）1970　新しい管理者像の探求
↑著者名カタカナ書き　　↑監訳者・訳者　↑年号　　　↑日本語書名

　　産能大学出版部（Fiedler, F. E. 1967 *A Theory of leadership effectiveness.*
　　　　↑出版社　　　　↑著者名　　↑発表年　　　　↑書名

　　New York : McGraw-Hill）
　　　↑出版社所在地　　↑出版社
```

○ 英語の本

基本情報の種類は日本語のときと同じです。姓の後に，コンマをして名前のイニシャルを入れます。1章の引用なら，章著者と章名の後に，**本の編者**と**書名**を入れます。

```
Litwak, E.   1985   *Helping the Elderly: The Complememtary Roles of*
↑著者名　　↑発表年　　　↑書名（主題：副題）
　*Informal Networks and Formal Systems.* N. Y. : Guilford Press.
　　　　　　　　　　　　　　　　　　　　　　↑出版社所在地　↑出版社名

De Jong, G.   1983   Defining and implementing the independent living
↑章の著者　↑発表年　↑章の題
　concept. In I. N. Crewe & K. Zola (Eds.), *Independent living for physically*
　　　　　　　　↑編者　　　　　　　　　↑書名
　*disabled people.* San Francisco : Jossey-Bass.
　　　　　　　　　↑出版社所在地　　↑出版社名
```

○ 論　文

著者，年号，論文題名，学術雑誌名，および論文の掲載頁を書きます。

```
新名理恵・矢富直美・本間昭　1991　痴呆性老人の負担感に対するソーシャル
↑著者名（複数いれば間に「・」）　↑発表年　　　　↑論文題名
　サポートの緩衝効果　老年精神医学雑誌　5, 655-663.
　　　　　　　　　　　↑雑誌名　　↑巻号, 論文のページ

Peters, G. R., Hoyt, D. R., Babchik, N., Kaiser, M., & Iijima, Y. 1987
↑著者（複数いればコンマと，&やandでつなぐ）　　　　　　　↑発表年
　Primary group-support systems of the aged. *Research on Aging,* 9, 392-416.
　　　　　　↑論文題名　　　　　　　　　↑雑誌名　　巻号, 論文のページ↑
```

○ 新聞記事

著者がわからなくても，掲載紙，記事名，日にちの情報を書いておきます。

▷**本の編者**
英語表記では，"In"以下に本の情報を入れ，どういう本の中の1章なのかを示す。編者や編著者（Editor）は，Ed.（複数ならEds.）として示す。なお章著者はラストネームのイニシャルで検索しやすくするため，「姓，名前のイニシャル」の順だが，編者は検索の便宜を考えなくてよいため，英語表記の慣行通り「名前のイニシャル，姓」の順。

▷**書名**
正式には，書名や雑誌名は「イタリック」という斜めの字体で印刷するので，本書でもそれにならっている。ただし手書きのレポートなら，わざわざ斜めにゆがめて書かなくてもよい。該当部分にだけ下線を引くという方法もある。斜体文字は，ワープロでレポートを書くときに取り入れるとよいだろう。

```
日本経済新聞　2000　顧客の信用情報公開　東京本紙3月20日朝刊
　↑新聞名　　　↑掲載年　　　↑記事題名　　　　↑地域，掲載日
```

④ 上手な引用の仕方

○引用の量

引用文ばかりでは，自分の意見がなくなってしまいます。あなたの目的が，人の意見をつぎはぎして紹介することだけではないのならば，まずは自分の主張をしっかりさせて，そこに効果を加えるために引用を利用してください。

○「参考文献」との違い

下調べに本を読み，引用はしないけれど参考になったから記しておきたい，と思うときは「参考文献」として，引用文献とは区別して書くことがあります。

○引用を効果的に使っている例

自分の意見を言うために，引用を利用している例を見てみましょう。例1では研究の流れを対比的に述べた上で，自分の着眼を記しています。例2では，自分たちの発見を支持する意見を出して，発見の妥当性を補強し，結果の解釈を展開しています。いろいろと引用を工夫してみてください。

〈例1〉在宅介護は高ストレス事態であるために，ストレス反応が激しく，心身の健康を害しているとする報告が多い（Olshevski, Kats, & Knight, 1999）。しかし，介護体験により，人生を教えられたと考える介護者の存在も報告されている（諏訪・湯浅・正木・野口，1996）。介護は災難でしかない体験ではなく，成長をもたらす可能性もあるのではないだろうか。本研究では，介護者を対象に介護体験についての面接調査を行い，介護による成長があるのか，あるとしたらどのようなものかを明らかにすることを目的とする。

〈例2〉今回面接した在宅介護者15名は，衝撃・否認・怒り・自閉といったネガティブな認知を抱えた7事例と，これらを経験した後に認容・統合といったポジティブな認知に至っている8事例に分かれた。後者は「介護から学ぶものがある」と考えており，それが人生観や生きる意味と結びついていた。これを，介護体験は自己理解を深める効果があるとしたArchbold（1986）の考え方から解釈するなら，介護者は高齢者と向き合いながら，実は自己の人生の過ごし方とも向き合っていたのであり，自らの生き方を問うことから，内的成長が促されたと考えられる。

▷この例文は，「田中共子・兵藤好美・田中宏二　2002　高齢者の介護者の認知的成長段階に関する一考察　質的心理学研究　1, 5-16」という論文をもとに，本書用に作成したもの。

[課題]
　本文に出てきたホフステッド（1995）を，心理学のレポートに引用するとき，文献リストではどう書きますか。側注の情報を見て，書いてみましょう。
（田中共子）

Ⅲ　レポートを書く技術

図表の基本

 図表を使う前に考えること

○図表の意味

　レポートを作成するときに，重要な表現方法の一つとして，図表があります。これらは，必要に応じて使用されますが，それではどのようなときに用いればよいのでしょうか。「なんとなく，このあたりに図表があると格好よく見えるから」だとか，「1つくらい図表がないと格好がつかない」ということでは意味がありません。

　一般的に，どのようなときに図表が使用されるかというと，文章で示すと同じことを繰り返すために読者に煩雑な印象を与えてしまう場合，文章でわかりやすく表現することが困難な場合，文章で表現するよりも視覚的に示した方がわかりやすい場合などに用いられます。また，図表で示すには，根拠となる具体的な数値や記述などが必要となりますので，主張しようとしている内容に客観性をもたせることが可能になる場合もあります。このように，図表は，必要に応じて用いるものです。ただし，図表を用いる際に注意すべきことは，これらはあくまでも脇役的な存在であるということです。基本的には，文章が主役的な存在なのです。まずは，これらのことを知っておけば，レポートの作成において「図表を用いるべきか，用いる必要はないのか」ということの判断はできると思います。

○図表の使い分け

　次に，図で示すのか，表で示すのかということについて考えてみましょう。表2と図1を見て下さい。まったく同じ**データ**を図と表で示しています。

　この例のように，クラスの平均点を文章で示そうとすれば，クラスと平均点を5回も繰り返して記述しなければなりませんし，わかりにくくなってしまいます。それに対して，図や表で表現すると，明らかに全体を把握しやすくなります。

　それでは，図と表の両者を比較してみましょう。まず，表2では，各クラスの平均点を正確に把握しやすくまとめられています。これに対して，図1では，5クラス全体の平均点の違いやその程度を感覚的にとらえやすくなっています。この例のように，結果のどこを強調して，何を主張したいのかによって，図と表のどちらを使った方がよいのかという判断は変わってくるのです。図表の使

▷データ
処理の対象となるもので，何らかの状態（大きさ，長さ，重さ，量など）や評価（善悪の程度，満足の程度，望ましさの程度など）を示す数値や文字などのこと。

表2 クラスごとの模擬試験の平均点

クラス	得点
1組	72.5
2組	80.9
3組	77.8
4組	75.4
5組	78.6

表3 男女別にみたタレントAに関するイメージ

評価項目	男性 人数(%)	女性 人数(%)
魅力的	13 (21.7)	45 (75.0)
さわやか	37 (61.2)	55 (91.7)
明るい	41 (68.3)	54 (90.0)
誠実	42 (70.0)	19 (31.7)
健康的	23 (38.3)	27 (45.0)
男らしい	9 (15.0)	17 (28.3)

（注）大学生男女各60名を対象とした。

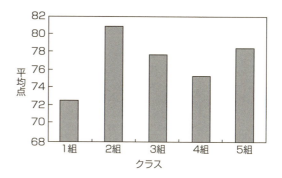

図1 クラスごとの模擬試験の平均点

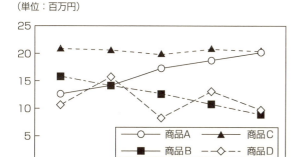

図2 A社における5年間の商品別売上高の推移

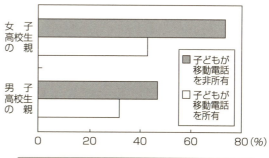

図3 親が子どもの電話相手を把握している割合

（注）1．平成13年度「国民生活白書」第4-32図に基づき作成。
2．調査時期は1999年11月〜12月。
3．回答者は宮城県，千葉県，東京都，石川県，奈良県及び熊本県の6都県の高校2年生の保護者2,901人。
4．「あなたは，お子さんが誰と電話で話しているかは知っていますか。」という問で「たいがいは知っている」と回答した者の割合。他に「半数くらいは知っている」「あまりよく知らない」「ほとんど知らない」がある。

用においては，示したい特徴をより適切に表現できる方を用いるということが要求されてきます。大まかな判断基準としては，具体的な数値（表3）や言葉・文章などを整理して示したい場合（表4）などには表が用いられ，時間の推移による変化（図2），量の比較（図3），全体に占める割合（図4）などを示したい場合などには図が用いられることが多いようです。

2 図表を用いる際の注意事項

○図表の重複使用を避ける

図表を用いる際の注意事項を1点あげておきます。それは，先程例を示すために同じデータを用いて図と表の両方を作成しました。これは，図と表を比較するために，あえて行ったことです。同じ内容について図と表の両方で示すという重複使用は，そこに含まれる多くの情報が重複してしまい，スペースの無

III　レポートを書く技術

表4　感動を喚起する映画ストーリーの分析

- 『タイタニック』：男女の出会い（身分の違い）→心の交流→事故（氷山との衝突）→パニック（さまざまな人間模様）→苦境との対峙（援助・励まし）→主人公（男）の死→男の遺志を果たす→数十年後（男との約束の実現）→主人公（女）の死（死んだ男や仲間たちに迎えられる）

- 『アルマゲドン』：人類滅亡の危機（小惑星と地球の衝突）→解決策（爆破計画）→任務遂行の人選（主人公，及びその娘の恋人選出）→小惑星へ→計画実施までの悪戦苦闘（さまざまな人間模様）→究極の事態（誰かが手動で爆破しなければならない状況）→主人公の死（人類，及び家族のための死）→主人公以外の帰還（主人公の娘と恋人が無事対面）

- 『レオン』：孤独な主人公（観葉植物と暮らす殺し屋）→少女との出会い（一家皆殺しのため逃げてくる）→共同生活（復讐の手ほどき，心の交流）→少女の復讐（失敗）→主人公による救出→主人公の死（復讐成就）→鉢植えを大地に植える

出所：戸梶（2001）の表1の一部分を引用。

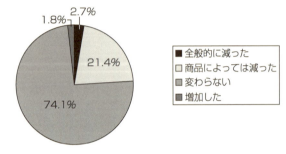

図4　オンラインショッピングの利用が生活行動に与える影響

（注）　1．平成13年度「国民生活白書」第4-27図に基づき作成。
　　　2．調査時期は1999年10月。
　　　3．回答者はオンラインショッピングの利用経験があるインターネット利用者975人。
　　　4．「買い物のために外出する回数に増減はあったか」という問に対する回答者の割合。

駄になります。実際に，みなさんがレポート等で図表を使用する場合には，このようなことを絶対に避けるようにして下さい。

○図表の配置

次に，図表をどこに入れるのかということも考えなければなりません。基本的には，その図表に対する本文の説明箇所の近くになります。これは，レポートを読む側の立場に立って考えればわかることだと思います。すなわち，図表についての記述箇所の近くに必要な図表がなく，他のページにあったりすると，複数のページを交互に見ながら内容を理解しなければなりません。これは，非常に面倒なことです。読む側の立場に立って，理解しやすいようなところに図表を配置するよう心掛けて下さい。

○図表の表題

また，**図表の表題の付け方**にも注意が必要です。それは，表題をみただけで何を示した図表なのかがわかるようにしなければいけません。本文を読まなければ，何を表した図表なのかがわからないような表題では，不十分だと言えます。表題だけを見て，何を示している図表なのかがある程度理解できるように

▶図表の表題の付け方
表題を付けるには，少なくとも何を対象としたどのような結果であるのかがわからないようでは不十分である。たとえば，「平均売上」「大学生の意識」という表題があったとする。前者は対象が不明であり，結果が月単位なのか年単位なのかもわからない。後者は，対象は明確になっているが，何に対する態度なのかが不明である。このように，どちらがかけても不十分となる。

する必要があります。そこには，どのような対象についての，どのような結果であるのかということが，明記されていなければなりません。ただし，やたらと長い表題も考えものです。表題の基本は，簡潔・明快にということです。では，そのようになりにくい場合にはどうすればよいでしょう。このようなときには，表3や図3，図4の例にあるようにします。すなわち，表題に書ききれない細かなことは，脚注として記述すればよいのです。脚注は，表とともに記しておいた方が内容を理解する助けになるような情報をつけ加えるために使用します。例で示した図表にあるように，調査時期や調査対象者の人数など，結果を理解するために必要な情報をつけ加えたりすることがあります。

◯ 図表の番号

図表には，出てくる順に番号を付けなければなりません。そして，図では表記方法として，図3，Figure 4-1，Fig.5a といった表し方があり，一方，表の表記方法としては，表3，Table 4-1，Tab.5a といった表し方があります。どの表記方法を使っても間違いではありませんが，一貫して同じ表記を使うように注意して下さい。

◯ 表題の位置

さらに，表では表題を上に記し，図では表題を下に記すという習慣があります。これは図表の書き方の原則になっています。なぜ，そのようにするのかというと，表の場合には内容を示す項目が基本的に上部にあるためであり，図の場合には内容を示す項目が下部にあるためです。例で示した図表にあるように，表題の近くに基準となる項目があった方が見やすく理解しやすくなることがわかるでしょう。ただし，学問分野によっては，そのような厳密な決まりがない場合もあります。したがって，図表を無難に使用することを考えるならば，その分野の慣例にしたがって使用することが良いでしょう。

◯ 出所の明記

最後に，もう一つ重要な注意事項を述べておきます。それは，自分で収集した資料やデータから図表を作成したときには問題にならないのですが，何らかの出版物に記載されていた図表を引用する場合には，著作権という問題が発生してくる場合があるということです。最近は，このような知的所有権の問題が非常によく取り上げられてきています。こうした問題をクリアするためには，図3や図4で行われているように，図表の出所を明記する必要があります。出所を明記していれば，このような**知的所有権**の問題には抵触しませんので，常に注意しておいて下さい。

[課題]
　身近なデータを用いて，図表を作成してみましょう。また，どちらで示した方がよいと思われるか，考えてみましょう。
　　　　　　　　　　　　　　　　　　　　　　　　（戸梶亜紀彦）

▷図表の番号は，出てくる順に1，2……とつける場合もあれば，章ごとに1-1，1-2……2-1，2-2……というようにその都度，つけ替える場合もある。どちらを使ってもかまわないが，一貫して用いるようにする。分野によって慣習が決まっている場合には，それにしたがうこと。

▷知的所有権
知的所有権の中には著作権や意匠権などが含まれており，これらは著者の表現したものや物品のデザインなどを保護するために法律で認められている権利である。学術的な利用については，それほど厳しい制約はないが，書籍・資料等の引用に際しては，出所を明らかにしておくことがエチケットだと心に留めておくこと。

III　レポートを書く技術

表から情報を読み取る

 表における着眼点

○表を読むための心構え

表をみて、そこから必要な情報を得るには、どのような点に注意したらよいでしょう。そのためには、前章で述べたような表についての基本的な注意事項が頭に入っていることが前提となります。以下に、その手順を示しますので、前章の復習を兼ねて読み進めてみて下さい。

○表題の確認

表5を例として、表からの情報の読み方をみていきましょう。まず、どこに着目するのかというと、それは表題です。はじめに表題を読んで、何を示している表であるのかを把握します。表題には、その表が何を示したものであるかがわかるような情報が記述されているからです。ここでは、「若年層の離職率」という表題から、若者の離職に関するデータが示されているということがわかります。

○調査対象と調査項目

表題によってその概要を理解したら、次に必要なことは調査対象と調査項目を示す縦（左側）・横（上部）の項目内容を確認することです。どのような対象についてのどういった側面に関するデータなのか、ということを確認します。この表では、性別ごと、および男女を合わせたデータがあり、それらについて「19歳以下」「20～24歳」「25～29歳」の離職率が示されています。そして、これらの項目に沿って、具体的な数値を読んでいきます。なお、この表のように、調査項目には調査対象の別の面が示されていることもあります。

○単位の確認

このとき、表では主に具体的な数値が示されていることがほとんどですが、示されている数値の単位に注目して下さい。単位を読み間違えると、とんでもない考察をしてしまうこともあります。たとえば、商品Aのある年度の売上金額に18,000という数値が記されていたとします。このまま読んだとすると1万8千円となりますが、仮に売上金額が千円単位だったとすると1,800万円となります。このように、数値をそのまま認識するのではなく、単位を確認した上で数値の理解をするように注意して下さい。

○その他の注意事項

単位によって数値の大きさを確認したら、脚注やその他の記述（表5では

表5 若年層の離職率

(2015年度)

	19歳以下 (%)	20～24歳 (%)	25～29歳 (%)	全体 (%)
男　性	40.9	24.9	16.8	13.0
女　性	36.8	29.2	22.5	17.7
男女計	38.7	27.1	19.5	15.0

(注) 1．厚生労働省「雇用動向調査」より作成
2．全体の離職率は，離職者数を1月1日現在の常用労働者数で除して算出している。
3．年齢階級別の離職率は，離職者数を6月末日現在の常用労働者数で除して算出している。

資料：内閣府「平成29年版子供・若者白書」

2015年度という調査時期）に注目して，データの枠組みをすべて把握します。これらは，表の内容について理解するために必要であるために，あえて付記されているものですので，必ず目を通すように心掛けて下さい。

2 具体的に表を読む

○ 性別による比較

以上のことを頭に入れた上で，表5を見ると次のようなことがわかります。まず，2015年度の厚生労働省の調査では，男女ともに年齢階級が若いほど離職率が高くなっていることが示されており，特に男性では19歳以下の離職率は25～29歳の倍以上になっていることがわかります。また，見方を変えると，男性の離職率は年齢が高まるとともに大きく減少傾向にある一方で，女性の離職率は男性よりも漸減傾向にあるというとらえ方もできます。このように，1つの表からは複数の情報を読み取ることができるのです。

○ 他のデータとの比較

さらに，この表以外に職種別の調査データがあれば，どの職種で離職が多いのか，離職の傾向は全体的なものなのかといった情報もわかるでしょう。そのようなことが判明すると，職種に特有の問題の可能性が考えられ，その改善のための方策について考えることも可能になるかもしれません。

○ 表の信頼性と限界

また，どの時点のどこの**調査機関**による調査であるのかということは，調査結果の中身を考える上で，重要になってきます。ここでは，2015年度ということから，データとしては比較的最近のものであること，また，厚生労働省の調査によることから，日本の労働者のデータを高い精度で扱いうることがわかります。しかしながら，データに現れない（表面化していない）ケースも存在すると予測されますので，実際には表5の結果よりももっと多くの離職があるかもしれません。

(戸梶亜紀彦)

▶調査機関
国や都道府県では，統計関連資料を作成する部署があり，さまざまな統計資料を毎年集めている。したがって，これらを利用すれば，大がかりな調査資料を利用することができる。

III　レポートを書く技術

 図の種類と読み方

 図の多様性と特徴

○図の種類

　図においても，その読み方は基本的には表と変わりません。ただし，図の場合には表と違って，種類がいろいろとあるという点が異なります。棒グラフ，折れ線グラフ，円グラフ，帯グラフ，散布図，レーダーチャートなど種類はさまざまです。これほどまでに種類が多くあるのは，目的にあった用途があるためです。図としての読み方そのものにはそれほど違いはありませんが，着目すべき点が図の種類によって若干異なるので注意して下さい。以下では，いろいろな図の特徴について述べていくことにします。

○棒グラフの特徴

　棒グラフには，縦棒グラフと横棒グラフがありますが，いずれも量的な比較をする場合に用いられます。対象同士を比較した際に，どれが最も多い（または少ない）か，そして，その差は大きいのかそれとも小さいのか，ということを問題にする場合に使用されます。

○折れ線グラフの特徴

　折れ線グラフには，量の違いをみるということもそこに含まれますが，対象間の違いというよりも，主に時間的な推移による変化をみる場合に使用されます。同じ対象が時間が経つにつれてどのような変化をしているのか，ということを問題にする場合に使用されます。

○円グラフ，帯グラフの特徴

　円グラフは，全体の中で占める割合についてみようとする場合に用いられます。したがって，ここでは実測値ではなく，パーセントでの表示になります。また，全体に占める割合については，帯グラフも用いられます。帯グラフの場合には，ある割合についての時間的変化や異なる対象間での割合の違いをみたいときにも使用されます。

○散布図の特徴

　散布図は，2つの変数の関連性を直感的にとらえるために用いられます。変数を次元とした2次元の座標上において，全体的な分布の形をみることができるため，変数間にどのような関連があるのかないのか，また，あるとすればどのような関連があるのかをみることができます。

◯ レーダーチャートの特徴

　レーダーチャートでは，１つの対象に関する複数の側面を１つの図で表現できるため，個々の対象の全体像を直感的に把握することができます。また，そのような複数の側面を意識しながら，対象間の比較をしようとするときに使用されます。

② 図の読み方と着眼点

◯ 図の本来的意味

　図から情報を読み取る際に，心掛ける必要のあることは，図の視覚的イメージを大切にするということです。本来，図とは，何らかの数値的なものを直感的に理解しやすくするために，視覚的に示したものなのです。したがって，そこから受ける印象を感覚的にとらえることが，図の意味するところを理解するということにつながるのです。

　以下に，図の具体的な着眼点を列挙していきます。

◯ 表題の確認

　まず，表の場合と同様に図においても，はじめに表題を読んで，何を示している図であるのかを理解する必要があります。表題には，その図が何を示したものであるかがわかるような情報が記述されているからです。

◯ 軸の単位と凡例

　次に，縦軸と横軸が何を表しているのか，そしてその単位は何であるのかに着目します。さらに，線や棒などで示された対象がそれぞれ何を示しているのかを**凡例**によって確認します。ここまでで，図についての概略的な情報がつかめると思います。あとは，脚注などで情報の補足をしておきます。

◯ 図の種類別の着眼点

　上述したように，図には多くの種類があり，それぞれに目的とする特徴がありました。したがって，図の種類を確認し，その特徴を把握していれば，作図した人の意図をくみ取ることにもなるのです。

　たとえば，棒グラフであれば，量の比較を意図したものですので，基本的には棒の長さに着目し，長いものもしくは短いものについて言及すれば，特徴をつかむことになるわけです。また，折れ線グラフでは，個々の対象が時間の推移とともにどのような変化を示しているのかに着目します。ほとんど変わっていないのか，減少傾向もしくは増加傾向にあるのか，上下に振れて安定していないのかなど，個々の対象について特徴をとらえていく必要があります。円グラフおよび帯グラフでは，パーセントで示された割合の多少が問題とされます。主に，何が多く，何が少ないのかについて，その特徴を検討します。散布図については，どのような分布をしているのかに着目します。分布については，以下にいくつか例をあげて説明することにします。

▷凡例（はんれい）
図では，複数の対象を同時に表現しなければならないことがよくあるため，○△□などの記号や，線の種類などによって，それらを区別するようにしている。そのような区別を示すものを凡例という。したがって，図において凡例を設けることは必須のことである。

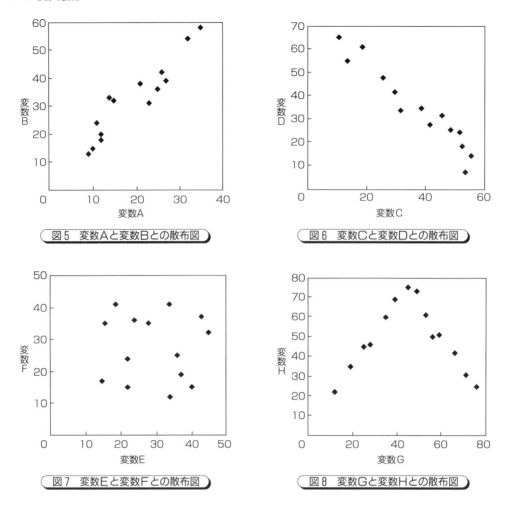

図5　変数Aと変数Bとの散布図

図6　変数Cと変数Dとの散布図

図7　変数Eと変数Fとの散布図

図8　変数Gと変数Hとの散布図

▷相関関係
変数同士の直線的な関係を示す指標を相関係数といい，相関係数の大小によって相関関係の強弱を判断する。もう少し詳しい説明は，V-8「結果出力からレポートへ」を参照。

　上記の4つの例は，散布図において特徴のハッキリしているものです。図5は右上がりの分布になっており，このような場合には2変数の間に正の**相関関係**（一方の変数の値が大きくなると他方の変数の値も大きくなるという関係）があると読み取ることができます。これに対し，図6は右下がりの分布になっていることから，この2変数の間には負の相関関係（一方の変数の値が大きくなると他方の変数の値は小さくなるという関係）があると読み取ることができます。図7は，全体に広がった形をしています。このような場合は，2つの変数には特別に関係はなく，独立であるといえます。図8については，直線的関係を示す相関関係はないのですが，二次曲線に近い形をしていますので，関連はあるわけです。二次曲線の形が逆向きの場合も同様です。例としては，緊張度と遂行量の関係です。緊張度はありすぎてもなさすぎても遂行量は上がりませんが，適度な緊張感は最大の遂行を生みます。このように，散布図の場合には，分布の形状によって，変数間にどのような関連性があるのかを読み取らなければなりません。

　最後に，レーダーチャートについて，例をあげて説明をします。

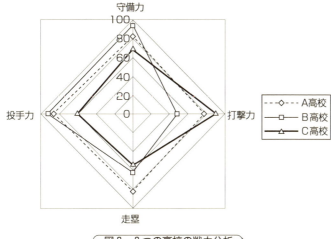

図9　3つの高校の戦力分析

　上記図9の例をみて下さい。これは，ある3つの高校の野球部についての戦力分析の結果です。野球において重要とされる4つの側面について，それぞれに評価がなされています。レーダーチャートにおいては，各側面を個別に比較することもできますが，全体の形やバランスをみて判断をします。たとえば，A高校の戦力は，ほぼ正方形の形（ここでは4つの側面であるため四角形）になっており，いずれも高い水準にあることから，全体的にバランスがとれているチームであることがわかります。また，B高校の戦力は，打撃力に弱点があるようですが，投手力と守備力でそれをカバーしているチームであることが読みとれます。反対に，C高校は，打撃の優れたチームであり，他は特に優れているわけではないようです。このように，レーダーチャートでは，同時に複数の側面を評価することができ，しかも，複数の対象を比較することができます。そして，形状が正n角形に近いほど，全体のバランスがとれていることを示し，そこから大きく外れている側面が，その対象の特徴として取り上げることができるのです。

　以上のように，さまざまな図の種類による特徴と，その着眼点を述べてきました。図は基本的に，視覚に訴えることを目的としています。したがって，使用されている図の特徴に基づいて，使われている意図をくみ取り，内容を読み取ることが必要です。このことは，皆さんが実際に図を使用する際にも要求されることですので，よく覚えておいて下さい。

[課題]
　図を探して，その種類を参考に，各自でどのようなことを読み取ることができるか，また作図した人の意図は何であったのか考えてみましょう。

（戸梶亜紀彦）

Ⅲ　レポートを書く技術

図表を作る

1　表の作成方法

○表計算ソフトとは

ここでは，図表の作成方法について説明をします。図表の作成において，最も一般的に利用されているのが表計算ソフトと呼ばれるものです。表計算ソフトとは，通常，縦横に線が入った**シート**と呼ばれる画面に，文字や数値を入力してさまざまな結果を表の形式にまとめて整理するために用いたり，あるいはその中で簡単な計算処理を行うために作られたソフトウエアです。本書では，その中でも利用者の最も多いExcelを用いた図表の作成方法について述べます。表計算ソフトでは，図を作成するためには表が必要となります。したがって，表の作成方法の概略をはじめに述べることにします。なお，Excelの詳しい操作方法については，本書の第Ⅴ部および多数出版されている**関連書籍**を参照して下さい。

○表計算ソフトの起動と基本的な入力方法

はじめに，以下の表を例として，その作成手順について説明していくことにします。

まず，表を作成するにあたっては，スタートボタンから選択するか，もしくは**アイコン**を選択するかによって，表計算ソフトExcelを起動します。次に，画面に表示されたシートの任意のセル（アルファベットと数字で区分されたマス目状の区画）に調査対象や調査項目等の入力を行います。入力の際には，使用したい入力モード（全角や半角，ひらがなや英数など）に切り替えてキー操作を行って下さい（Altキー＋半角／全角キーで切り替え，もしくは画面下にある**タスクバー**で切り替えができます）。

▶シート
表計算ソフトでは，ソフト全体を一冊の本としてイメージしており，全体の概念をBook，1枚1枚をsheetとして扱っている。

▶本書ではMicrosoft Excel 2013を用いて説明を行う。

▶関連書籍
関連書籍は，かなり出版されているが，いくつかあげておく。
実教出版編修部（編）2014　30時間でマスター Excel 2013　実教出版。富士通エフ・オー・エム株式会社2015　よくわかる Microsoft Excel 2013 基礎　FOM出版など。

▶アイコン
プログラムのメニューを文字ではなく，一目でわかるように絵文字で表したもの。

▶タスクバー
［半角］や［あ連R漢］のような表示で，現在の入力モードを示している棒状のツール。前者では，英数半角入力の状態であり，後者では日本語ローマ字入力の状態を指している。

表6　高校生の肥満傾向児・痩身傾向児の出現率

	肥満傾向児	痩身傾向児
男子高校生（17歳）	10.64	7.95
女子高校生（17歳）	2.21	1.51

（単位：％）

（注）　平成29年版「子供・若者白書」第2-16図に基づき作成。

◯ 文字の長さの調整（セル幅の調整）

　項目などの配置については，表の縦方向・横方向のいずれに入力してもよいのですが，必ず，表の上側もしくは左側になるように入力を行います。ところが，いざ入力を行ってみると，各項目の文字数が多いために長くなってしまい，図10のように，結果を入力すべき部分と文字とが重なってしまうことになります。

	A	B	C	D	E
1					
2					
3			肥満傾向児	痩身傾向児	
4		男子高校生	10.64	7.95	
5		女子高校生	2.21	1.51	
6					
7					

図10　表作成の途中経過：その1

　そこで，このような場合には，セルの幅の調整を行います。方法は，アルファベットの書かれている列を示すセル同士の間に**マウスポインタ**をもっていきます。すると，マウスポインタが左右両方向の矢印に変形しますので，そのまま右方向に**ドラッグ**して下さい。そうするとセルの幅が広がります。そのようにして，C列とD列のセル幅をそれぞれ項目の文字がすべて表示されるまで広げます。

◯ 文字表示の調整

　次に，B列に入力されている項目ですが，こちらはセル内で折り返して表示させるようにします。セルのB4とB5を**範囲指定**してから，マウスを右**クリック**します。そして，［セルの書式設定］を選択します。次に，［配置］というタグを選択し，下段にある［文字の制御］において［折り返して全体を表示する］にチェックを入れて OK ボタンをクリックします。あとは，B列の幅を先程と同様の方法で二段表示できるくらいまで広げます。上部に余分な余白がある場合には，高さを調節します。方法は，セル幅の時と同様に，行を示す数字

	A	B	C	D	E
1					
2					
3			肥満傾向児	痩身傾向児	
4		男子高校生 （17歳）	10.64	7.95	
5		女子高校生 （17歳）	2.21	1.51	
6					
7					

図11　表作成の途中経過：その2

▷マウスポインタ
マウスとは位置入力装置のことで，その位置を指し示すのがマウスポインタである。Excel上では，通常の形は太い白抜きの十字型をしているが，もっていく位置によって形状が変化し，他のさまざまな機能を使うことができる。

▷ドラッグ
マウスの左ボタンを押したまま，マウスポインタを移動することをいう。

▷範囲指定
マウスを用いてドラッグし，マウスポインタを縦横へ動かして必要な範囲の色が反転したら，左ボタンを離す。その状態で，範囲指定ができている。

▷クリック
マウスの左ボタンを1回押して離す動作をいう。ダブルクリックは，その動作を続けて2回行うことをいう。右クリックとはマウスの右ボタンをクリックすること。

の書かれたセル同士の間にマウスポインタをもっていき，上下方向の矢印に変形したら上方向へドラッグすれば高さが縮まります。その後で，それぞれにあてはまる結果を入力していきます。なお，数値を中央に揃えたい場合には，右クリックで［セルの書式設定］を選択し，［配置］のタグを選んで，文字の位置の［横位置］と［縦位置］をそれぞれ［中央揃え］にして下さい。そこまで操作を行うと，図11のようになります。

なお，これらの入力の際にも，必要な入力モード（全角や半角，ひらがなや英数など）に切り替えてキー操作を行って下さい。

○ **表における表題の表示**

ここまでの入力を正しく行うことができたら，使用される表の順番にしたがって表番号をつけ，内容をうまく表現するような表題をつけます。このとき，表の左端から右端まで範囲指定をし，画面上部の**ツールバー**にある〈セルを結合して中央揃え〉のボタン をクリックすると，表の中央に表題が配置されます。表の幅よりも表題の方が長い場合には，左右に同じだけの幅をとって上記と同様の操作をするか，表題を二段に分けます。一つのセルを二段に分ける方法は，上述したとおりです。あとは必要に応じて単位の表記をわかりやすい位置に付けたり，脚注を表の下に記したりします。これらについても，今まで述べた方法を用いれば，おおよそ行うことができます。

○ **罫線の引き方**

最後に，ツールバーにある〈罫線〉のボタン を使用して必要な箇所に罫線を引きます（罫線のボタンのすぐ横にある下矢印をクリックすると罫線の種類と位置を選択することができます）。このとき，範囲指定をした後に，該当する罫線のボタンを押します。基本的にはそこまでで表は完成です。それ以外は本人の好みで，表題の文字の大きさをポイント数を切り替えて大きくしたり（ 11 ▼ 数字がポイント数を示しており，下矢印でポイント数を選べます。数値が大きいほど文字も大きくなります），表題，調査対象，調査項目などを太字 **B** にしたりという工夫を凝らして下さい。下に，そのような工夫をした表を示しま

▶**ツールバー**
画面上部にある，いろいろなボタンのこと。ここに配置されているボタンは一般的に使用頻度の高いものである。各自の使用頻度にあわせて，ボタンをつけ替えることもできる。

表　高校生の肥満傾向児・痩身傾向児の出現率		
	肥満傾向児	痩身傾向児
男子高校生 （17歳）	10.64	7.95
女子高校生 （17歳）	2.21	1.51
		（単位：％）
注）1. 平成29年版「子供・若者白書」第2-16図に基づき作成。 　　2.〈出典〉文部科学省「学校保健統計」 　　3. 性別，年齢別，身長別標準体重から肥満度を算出し，肥満度が20％以上の者が肥満傾向児，-20％以下の者が痩身傾向児。		

す。なお，項目の背景色の付け方は，範囲指定の後，右クリックをして［セルの書式設定］を選択し，［パターン］というタグを選び，色を選択すればできます。

❷ 図の作成方法

◯ 図の作成準備

次に，図の作成方法について概略を述べます。初めにも述べましたが，図を作成するには，まず表を作成する必要があります。このとき，罫線については引かれている必要はありません。基本的な項目と結果を示す数値等が入力されていれば，図の作成は可能です。具体的には，図11に示したような段階まででよいわけです。

◯ 図の作成手順

図を作成するには，上記の準備段階までいった状態でこれらのすべてを範囲指定します。このとき，結果の数値等だけではなく，必ず調査対象や調査項目なども含めて範囲指定を行って下さい。そして，ツールバーの上部にある［挿入］タブをクリックしてツールバーの内容を変更し， をクリックします。そうすると，さまざまな棒グラフを選択できる小さなウインドウが出てきますので，作りたい棒グラフを選択することができます。ここでは2D縦棒の一番左にある （集合縦棒）を選択します。そうすると，図12のようなグラフが表示されます。このとき，下に表示された凡例を右側に変更したい場合は，図の右側にある をクリックするとグラフ要素の一覧が表示されますので，凡例の部分にマウスポインタを移動させると， のように矢印が表示されますので，そこをクリックして下さい。そうすると，右，上，左，下などの選択肢が表示されますので，該当のものをクリックして選択して下さ

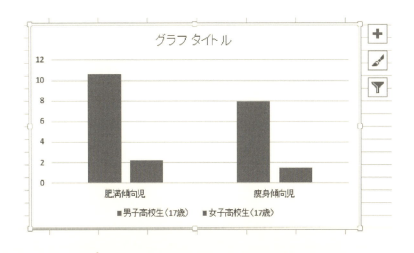

図12　図作成の途中経過（周囲にハンドルのついた状態）

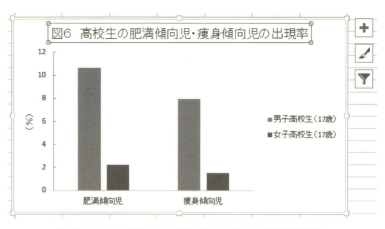

図13　図およびグラフタイトルにハンドルのついた状態

い。さらに，「グラフタイトル」の部分をクリックすれば，「図6　高校生の肥満傾向児・痩身傾向児の出現率」とタイトルを変更することができます。また，[＋]をクリックして軸ラベルを選択し，さらに第1縦軸にチェックを入れると，縦軸の横に［軸ラベル］と表示されるので，そこをクリックして「(％)」と入力します。縦軸の目盛線が目障りだと感じる人は，中程の目盛線をクリックして線の両側に**ハンドル**を表示した状態で右クリックをして［削除］を選択すれば消すことができます。線がないとわかりにくいと感じる人は，縦軸の数字をクリックして数字の周囲にハンドルを表示した状態で右クリックをして［軸の書式設定］を選択し，右側のウインドウから［目盛］を選択して［目盛の種類］を［内向き］にして下さい（必要に応じて図12に示された3つのボタンの機能を活用すれば，いろいろな調整を行うことができます）。

　上記までの操作を行った後，再び[次へ>]のボタンをクリックし，次のダイアログボックスで[完了]のボタンをクリックします。あとは上部にある図のタイトルを下に移動し，図を上へずらします。そして，脚注等を入力すればできあがりです。このとき，図の周囲を囲った線の八方向にハンドルが表示されていますが，そこへマウスポインタをもっていくと通常の矢印の形から上下または斜めの双方向矢印に変化します。その状態でマウスをドラッグすると図の大きさを変えることができます。図や凡例（図の横にある調査対象についての説明）は大きさを変えることによって，上下・左右方向いずれにも調節が可能です（図13）。

　●**図の表示についての工夫**

　パソコンの画面上で図はカラー表示されていますが，カラープリンタがないと，当然のことですがカラーでは印刷されません。カラープリンタがない場合には，以下のような工夫を行うことによって，図を読みやすくすることができます。まず，棒グラフの棒をクリックして下さい。すると，棒にハンドルが表示されます。この段階で，右クリックをし，［データ要素の書式設定］を選択

▷ハンドル
図にあるような周囲の線上にある□をいう。これが表示されているときは，その図や表などが作業可能状態（修正や加筆ができる状態）であることを示している。

すると，右側にデータ要素の書式設定に関するウインドウが表示されます。次に上部にあるアイコンのうち（塗りつぶしと線）をクリックします。はじめは塗りつぶしに関して［自動］が選択されていますが，塗りつぶし(パターン)(A)を選択して下さい。そうすると，さまざまなパターンを選択できますし，さらに前景と背景の色も選択することができます。この作業は，凡例の種類だけ同じことを繰り返さなければなりません。したがって，この例では2回上記の操作を行います。

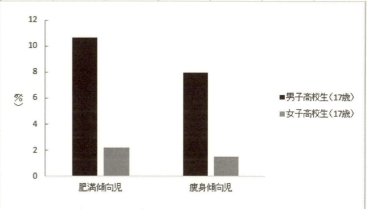

図14　図における表示の例

図における表題の表示

　図についても，表のときと同じように，タイトルの文字をポイントの調節で大きくしたり，太字にしたり，とさまざまな工夫ができます。また，たとえば，縦軸の（％）表示が横向きになっていますが，これも調整ができます。まず，この（％）の部分をクリックします。ハンドルが表示されたら右クリックをして［軸ラベルの書式設定］を選択します。そこで，右側のウインドウから（サイズとプロパティ）を選択し，［文字列の方向］を［縦書き］にします。すると，（％）は縦向きに表示されます。なお，脚注を図の下に記したい場合には，図にスペースを作った後に欄外にあるテキストボックスのボタンをクリックし，空きスペースをドラッグします。そして，必要事項を記入していきます。そのようにしてできたのが，図14です。

　以上のような手順で，一般的に用いられるような表および図を作成することができます。上記以外にも，細かな調節が可能ですので，各自で実際にパソコンと向き合って，作業をしてみて下さい。面白いくらい，いろいろなバリエーションを楽しむことができると思います。

　　［課題］
　　　この節で取り上げた例に沿って，各自で実際に図表を作成してみましょう。また，作成した図表に対して，いろいろな工夫を凝らして，わかりやすくするにはどうすればよいか考えてみましょう。

（戸梶亜紀彦）

Ⅲ　レポートを書く技術

効果的な図表の利用

　効果的な表の利用

○表の特徴

　図には，さまざまな種類があり，それぞれに示そうとする目的が異なることは，先に述べました。ところが，表には特別に種類というものはありません。それは，表が具体的な結果や内容を示すことを目的としているためであり，そのため種類ということは問われないからなのです。では，どのようなときに表を用いると効果を発揮するのかについて考えてみましょう。

○表で示すと効果的な場合

　まず，文章で示す場合と図表を用いて示す場合とを考えてみます。どのようなときに図表が使用されるかということは，「図表の基本」において述べられているように，同様の内容を繰り返し示す場合，文章で表現することが困難な場合，視覚的に示した方がわかりやすい場合などでした。これらをまとめて考えてみると，複数の対象についての同様の結果を一括して示すような場合であることが見出せます。たとえば，ある年の毎月の売上金額を示す場合には，1月は○○万円，2月は××万円……というように12月まで文章で表現するよりは，図表を用いて一括して示した方が，明らかにわかりやすくなりますし，しかも全体を見渡しやすくもなります。

　次に，図表のいずれを用いるかについて考えてみましょう。上記の例にあるように，ある年の月別の売上金額について，図と表を用いて示したと仮定します。このとき，両者を比較した場合にどのようなことが言えるでしょう。同じデータを用いて図と表で示した例は，「図表の基本」のところにありました。それによると，表では結果の数値を正確に把握しやすくまとめられ，それに対して，図では結果についての比較やその違いの程度を感覚的にとらえやすいというそれぞれの特徴が述べられています。すなわち，図と表ではそれぞれの長所が異なるということです。そうであるならば，表で示した場合に効果があると考えられるのは，視覚的・直感的に違いの程度を示したいような場合ではなく，具体的な結果の内容を全般的に同時に示したい場合ということになるでしょう。表を用いるときは，すべての対象に関するすべての項目についての正確な内容を表示したい場合に，その効果が最大限に発揮できるということを覚えておいて下さい。

2 効果的な図の利用

◯ 図の特徴

一言に図といっても，いろいろな種類があることは既に述べました。では，なぜ図には種類があるのでしょうか。それは，表現しようとする目的がいろいろあるからに他なりません。表とは違って，具体的な値を問題としない図では，表現したい内容の特徴を直感的にわかりやすく示すことのできるものを用いることが，効果的な図の利用の第一歩です。以下において，さまざまな図の特徴を考慮しながら，効果的な利用方法について考えてみましょう。

◯ 具体的な量の比較

実際の人数や金額，件数などを比較したい場合には，縦棒グラフや横棒グラフといった棒グラフを用います。図15は，3つの案に対する支持者数を示した縦棒グラフです。この図では，どの案が最も支持があるのかを知ることができればよいわけです。

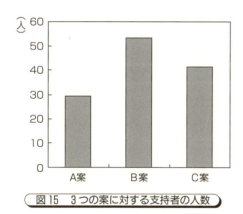

図15　3つの案に対する支持者の人数

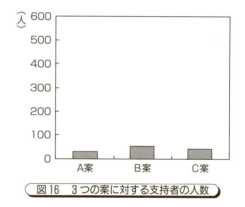

図16　3つの案に対する支持者の人数

ところで，ここで目盛りの取り方を10倍にした図16を示します。この2つの図は，まったく同じデータから作成されたものですが，右の図では3つの違いがわかりにくくなっています。このように，量の比較を目的とする場合には，目盛りの取り方にも注意をしなければなりません。

◯ 時間経過による量的変化

ある時点の量的な違いをみるというよりも，同一対象において時間の経過とともにその量がどのような変化をみせているのかということを検討したい場合には，折れ線グラフを用います。この場合，異なる対象間の量の違いにも着目しますが，それよりも同一対象の変化の仕方にウエイトがおかれています。時間の推移とともにどのような動きをしているのか，将来的にはどうなりそうなのかという視点がそこには入ってきます。図17はある大学における，最近5年間の学部別受験者数の推移を示しています。この図によれば，工学部は受験者数が年々増加していますが，文学部は年々減少しています。また，経済学部と

Ⅲ　レポートを書く技術

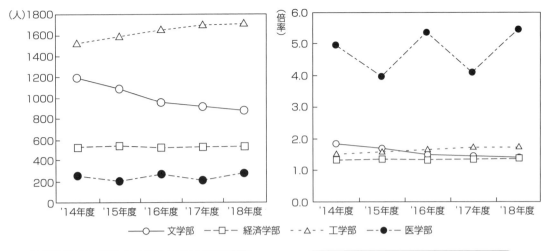

図17　最近5年間の学部別の受験者数の変遷

図18　最近5年間の学部別の受験者倍率

医学部は大きな変化がないということが読みとれます。ここで，各年度の学部ごとの差をみることもできますが，もともとの定員数の違いを考慮すると，その比較はあまり意味がありません。ところで，定員数の違いがあるとすれば，時間的推移を検討するのに，この図でよいのでしょうか。たとえば，各学部の定員人数が，文学部650名，経済学部400名，工学部1,000名，医学部50名だったとします。各学部の定員をもとに作成した図を図18に示します。こちらの図でみると，経済学部と工学部は倍率にほとんど変化がなく，文学部がやや減ってきている傾向がうかがえます。ところが，医学部は他の学部よりも倍率は高く，常に4〜5倍を維持しています。ただし，隔年で増えたり減ったりという特徴がうかがえます。このように，折れ線グラフでは，単位をどのように設定するかによって，結果が大きく変わってくることもあります。特に，対象とするもの（ここでは学部）の桁数が異なると，桁数の大きいものに図の目盛りをあわせる傾向がありますので，桁数の小さいものの変動の大きさが見えにくくなることがあるので，十分に注意をして下さい。

○ 全体に占める割合の比較

全体における個々の対象の占める割合を示そうとする場合には，円グラフもしくは帯グラフを使用します。その場合には，基本的にパーセント表示となります。図19は，ある大学における2018年度の新入生の出身地域をパーセントで示したものです。この大学では，関東・甲信越地域が圧倒的に多く，54.2％を占めています。また，中国・四国地域が最も少なく，3.7％しかいません。このような内容を示すには，帯グラフでも同様になります。ただし，帯グラフの場合には，過去数年間にわたる同様のデータがあった場合に，連続して示すことができるという特徴があります。このような割合を示す図においては，パーセントの表示しかありませんので，母数（全体数）がどれくらいであったのか

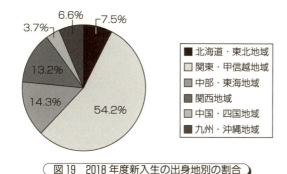

図19 2018年度新入生の出身地別の割合

ということが重要になってきます。上記の例のような場合は，それほど問題に␣なりませんが，自ら調査を実施して得られたデータの場合，80％が「賛成」であったとしても，母数が5名だとすると，そのうちの4名が「賛成」であったわけですが，5名の調査結果を一般化することには多くの人が抵抗を示すでしょう。したがって，データ数に関する情報は，パーセント表示の後ろに隠れてしまいやすいので，図の脚注に明示しておくと結果を誤って解釈することが少なくなります。

◯ 2つの変数間の関連性

ある2つの変数があったとき，これらの間にどのような関係があるのかを調べる際には，散布図が用いられます。散布図とは，各変数の値をそれぞれX座標とY座標の値として2次元の座標空間に示したものです。ここでは，個々の点を問題にするのではなく，全体的な分布の様子に特徴があるかどうかを検討します。

◯ 総合評価による比較

3つ以上の側面を同時に比較したい場合には，レーダーチャートを用います。レーダーチャートでは，ある側面について個別に取り上げて比較をするのではなく，全体的な形状で判断をしますので，比較対象が多くなると，大変読みにくくなってしまいます。そのような場合には，対象ごとにレーダーチャートを作成するようにします。そうすれば，1つ1つの形状をみることができ，しかも，総合的な比較も可能です。

［課題］

図の効果的な利用について，各自でいろいろな種類の図を探して，どのような場合にどのような図が用いられているかを検討してみましょう。

表の効果的な利用について，各自で表を探して，どのような場合に表で表現されているかを考察してみましょう。

（戸梶亜紀彦）

コラム5

アピールできる文章力のつけ方

　大学の授業には，試験で成績をつけるものもありますが，どちらかというと，レポートの方が多いのではないかと思います。そのため，大学の先生は，学期末には，何百人もの学生のレポートを短時間のうちに読まなければならなくなることもあります。ですから，まず何よりも，読んでもらえるレポート，読みたい気にさせるレポートを書くことが肝心です。

　相手にどうしても読んでもらいたい文章を書く時の"鍵"は，タイトルと最初の段落です。タイトルを見て「魅力がない」と思えば，まったく読んでもらえないかもしれませんし，最初の段落を読んで，もしわかりにくければ，そこで読むのをやめてしまうかもしれません。ですから，まずタイトルで相手の心をつかみ，次に，最初の段落で，「このレポートは読みやすい」「このレポートは面白そうだ」ということを印象づけることが大切です。

　では，どのようにすれば，相手に読んでもらえる文章が書けるようになるのでしょうか。最近は，Eメールを使う人が多いのではないかと思いますが，たとえば，Eメールを書く時に，件名は相手の心をひきつけるようなものになっているか，最初の段落で言いたいことを言い得ているか，ということをいつも気をつけているだけでも，文章力はかなり伸びていきます。

　また，レポートや手紙やEメールを書き上げた時に，そのまますぐに相手に送ってしまわずに，たとえば，次のような工夫をしてみるのはいかがでしょうか。

①友達や家族にタイトルだけを教え，何が書いてあるか予想してもらう。
②友達や家族に全文を読んでもらい，感想を聞く。
③2～3日後に自分で読み直す。
④黙読ではなく音読し，耳から自分の文章を入れる。
⑤読み直す時に，最初の段落で読むのをやめてみる。
⑥もしメールなら，自分に送信し，それを読んでみる。

　昔から，「夜中に書いた手紙は，翌朝もう一度読み直した方がいい」などと言いますが，基本的にはそれと同じことです。書き上げた後でワンクッション置くことによって，ある程度，読み手と同じ気持ちになることができます。

（山内博之）

コラム6

夏休みを有効に使おう

　大学の夏休みは高校よりずっと長く，まるまる2か月間も休みになるという学校もあります。社会人になったら，こんなに長い自由時間は，高齢になって引退するまで二度とありません。まとまったことができる機会ですから，それをぜひうまく使ってください。

　関心ある職業に近いアルバイトやボランティア活動をすることは，職業イメージやキャリアプランを現実化していくことに役立ちます。たとえば教職志望者が夏期講習の講師をしたり，マスコミ志望者がテレビ局のバイトをしたり，考古学の専攻志望者が発掘調査を手伝ったり。子どものキャンプのヘルパーになる，高齢者の話し相手になる，途上国で井戸を掘ったり学校を作ったりするなどのボランティア活動もあります。外国生活を体験したくてもお金がないという人には，イスラエルのキブツや短期の海外就労など，現地での生活費の心配がいらない労働体験プランもあります。こうした体験を社会と結びつけていくような，いわば学びの応用編ともいった試みは，時間的な余裕のある1，2年生のうちに広く試していくのがよいでしょう。

　夏の間，特定の講習や研修に行く人もいます。パソコンなど実用的な技能や資格，趣味的な資格の取得のほか，短期留学も人気です。夏だけの留学は，語学学校や大学などで手広く行われています。外国でのホームステイは生きた語学実習になります。これらは実地に世界を学ぶよい機会です。視野が広がり，先の学びの動機づけにもなります。

　また遠くに出かけなくとも，じっくりと全集を読破したり，学校ではやらない外国語を自習書を使ってマスターするのも面白い挑戦でしょう。日頃の授業に注ぐエネルギーを，自分が本当に知りたいことに向けたなら，一夏の手応えは相当のものになるでしょう。

　上級生になれば，公務員試験や大学院受験のための受験勉強に忙殺される人も出てきます。仲間と受験勉強のグループを作って励まし合う姿もよく見られます。問題集を解いたりする実用的な学習で，就職試験の準備をしています。

　なお卒業論文を書く4年生に夏休みはありません。空白の夏休みは下級生の間の特権的な自由時間ですから，何となく過ごすのは，あまりにももったいないことです。これをした！ といえるような何かを企画してみてください。

（田中共子）

Ⅳ 参加とパフォーマンスが求められる授業

 授業での質問の仕方と答え方

授業はコミュニケーション

　教壇に立った先生の顔の表情も見えにくいような大教室の講義ではむずかしいかもしれませんが、少人数のゼミやお互いの顔が見わたせる程度の規模の授業の場合、「いかに学ぶか」は、「いかに参加するか」ということを意味します。つまり、授業は先生と学生、そして学生同士のあいだのコミュニケーションを基本に成り立っていると考えてください。

　たとえ少人数の授業であっても、先生の講義が授業時間の大半を占め、みなさんはただすわって聞いているだけだったとしたら、先生のほうから知識を一方的に伝達されているだけのような気がするかもしれません。しかし、講義を聞き、ノートをとりながらも、みなさんの側が「この授業の内容のどの部分がよくわかるか」「どこが理解できないか」、あるいはそのテーマについて「もっと知りたいことは何か」といったことを考えることがコミュニケーションの第一歩なのです。

　そして、浮かんできた疑問を言葉にして、先生やほかの学生に伝える機会をもつことは、みなさんの権利でもあり、義務でもあります。講義を担当する先生にとっても、学生が内容をどの程度理解しているか、興味をもって聞いてくれているのかどうかを知ることは、とても重要です。期末テストをすれば、受講生の理解度を測ることはできますが、そのときにはもう講義は終わっています。それでは、あまり生産的とはいえないでしょう。つまり、みなさんの質問がその後の授業の進み方、説明への力点の置き方などの変更につながるかもしれないのですから、はりきって質問を考えてください。

② なるべく授業中に質問しよう

　授業の途中、あるいは終わり頃に、「なにか質問はありませんか」と教員が声をかけたとたん、教室中がしーんと静まり返ってしまう、ということはよくありますね。質問が出てこない理由はなんでしょうか。

●質問を考えながら聞いていない

　「どこがわからないか」「これはどういう意味か」を考え、あとで質問をするつもりで聞いていなければ、質問タイムになっても頭は空っぽのままです。

> ▶ **質問を考えながら聞く**
> 質問は自然に浮かんでくるものではない。授業をただ聞くのではなく、自分がよくわからなかった点、疑問に思う点がどこかを考え、質問をひねり出すつもりで参加していなければ、質問することはできない。

○みんなの前で質問するのが恥ずかしい

　たしかに，気まずい沈黙の中で手を上げるのは勇気がいります。そのため，授業時間中には質問をせず，終了後に先生のところへ行ってわざわざ聞くという人もけっこういます。そもそも授業中に質問の時間が用意されていないときなど，直接，先生に質問に行くこと自体は望ましいことですが，機会が与えられている場合は，やはり受講生全員の前で質問をするべきです。なぜなら，ほかの学生たちも，あなたが感じた疑問と，それに対する先生の答えや補足説明をともに聞く権利があるからです。そうしたやりとりを教室にいる全員が共有することで，授業が深まっていくのです。

3　「まちがった」質問はない

　実際にみなさんが思いつく質問の中には，論点をきちんととらえた，より的確なものもあるでしょうし，事実関係に関する素朴な疑問もあるでしょう。しかし，まちがった質問というものは存在しません。授業内容に真剣に向き合って考えた質問であれば，どんな質問も同じように重要なのです。「こんなことを聞いたら恥ずかしいかも」とは思わないでください。

4　質問への答え方

　では，授業中に先生のほうから質問を受けたときはどうしますか。一番よくないのは，ただ黙ってもじもじしていることです。即座に答えが思い浮かばない場合は，「少し考えさせてください」と答えてもいいのです。あるいは，自信がなくても，とりあえず自分の考えたことを口にしてみてください。「考え」というものは，言葉にして表現してみなければわからないこともあります。くりかえしますが，授業の基本はコミュニケーションなのですから，発言の機会を持たなければ，本当の意味で授業に参加したことにはなりません。

○相手の目を見て質問しよう

　質問をしたり，質問に答えたりするときに大事なのは，相手の目をみて，はっきりと話すことです。教室の後ろのほうにすわっているとき，教壇にいる教員に届く大きさでなければならないことはもちろんですが，教室の前のほうで発言するときにも，先生だけでなく，自分の後ろにいる学生にも聞こえるように配慮しましょう。

　ここに書いたような参加を心がけることで，授業はきっと楽しくなります。

　　［課題］
　　　これまでに自分がとった講義ノートを読み返し，質問したいと思う箇所がどこかを考えて，印をつけてみましょう。そして，その箇所に関して，何をどのように質問するか，箇条書きのメモを作ってみて下さい。

（中谷文美）

▷授業時間中に聞いた質問への答えが納得できなかったり，さらにあらたな疑問をもったりしたときはもちろん，あらためて教員のところに聞きに行く機会を持つことをおすすめする。

Ⅳ　参加とパフォーマンスが求められる授業

グループ討論をする授業

1　グループ討論の目的

ゼミは意見を言うことが前提

　ゼミ形式の授業の場合は，出席している学生全員がそれぞれ自分の意見をもち，それを表明しなければ，授業は成立しません。ゼミはグループ討論，ないし参加者同士の議論を前提とした授業なのです。つまり，ゼミの場にはいても，最初から最後まで一度も口を開かなかったとしたら，あなたは授業に出たことにすらならないといってもいいでしょう。

　授業の場での討論は，参加者が異なる意見を出し合うことを通じて，ある主題をめぐっての知的理解と思考を深めることが目的です。

論理的で説得力ある主張を

　相互理解のプロセスは，「どうもこの人の意見のほうがみんなに賛成されているようだ」とか，「あの人の発言の仕方は虫が好かない」といった情緒的な判断に基づくのではなく，どの主張が最も論理的で説得力を持つかという基準によるものでなければなりません。

　グループ討論をする授業に参加することにより，ある主題をめぐって，多様な意見が存在することがわかります。ほかの人のいろいろな意見と照らし合わせることによって，自分の意見や考えを多角的な視野から検討し，異なる意見を持つ相手を論理的に説得する技術を学ぶこともできます。

討論の心構え

　授業の場での討論にあたって最も重要な心構えは，「自分の意見を持つ」ということです。では，どうすれば「意見が持てる」のでしょうか。

相手の主張を批判的に聞く

　ゼミ形式の授業では，討論に先立って，教員の側から問題提起が行われたり，ゼミ参加者のうちの誰かが文献購読または自分自身の研究・調査に基づいた**口頭発表**をしたりすることが多いと思いますが，この段階で，どれだけしっかりと相手の主張を聞きとっているかということがまずポイントになります。このとき，ただ真摯な態度で耳を傾ければいいというものではなく，あくまでも**批判的に聞く**ことが大事です。

▷ **グループ討論の意義**
「他人の意見を聞く，他人と意見を交換する重要性というものを授業を通して学ぶことができた。自分では思いもつかなかった他人の考えは，自分の考えを豊かにし，より深めてくれるものである」（筆者が過去に担当した，グループ討論を取り入れた授業の感想から）。

▷ **口頭発表**
⇒ Ⅳ-4 「上手な口頭発表」を参照。

▷ **批判的に聞く**
相手の言うことをふんふんとうなずきながら聞くのではなく，「発表者の主張の核心となる部分はどこか」「その主張を裏づける事実関係はきちんと提示されているか」「主張の論理的展開に矛盾はないか」といった点に留意しながら聞くこと。

○自分の意見が持てる聞き方

講義内容に関する質問をするときと同じように、「質問を考えながら」聞く姿勢を持ちましょう。その上で、自分自身は相手の主張に賛成できるか否か、賛成だとすればなぜか、反対だとすればなぜ納得できないのか、と考えを進めていくことで、自分の意見がはっきりしてきます。

3 討論のルール

○討論と日常のつきあいは別

討論の場での意見交換を、日常的な関係における会話のやりとりと混同しないように参加者全員が気をつけましょう。ですから、自分の意見を批判されたり、反対意見を出されたりしても、個人としての自分が否定されたわけではありません。あるいは相手が傷つくかもしれないという理由で、意見を述べることをためらったりする必要もありません。

○相手の中傷は避ける

討論を「**言葉の格闘技**」と表現する場合もありますが、それはあくまでも場を限った上での格闘であって、ほんとうのケンカではないのです。ですから、相手を中傷するような言葉を用いたり、不必要に大きな声を出したり、嘲るような態度をとることは重大なルール違反です。意見はちがっても、お互いを尊重する姿勢が大事だということを忘れないように。

4 司会者の役割

ゼミ参加者のうち司会役をする人は、次のような点に気を配りましょう。
①討論への参加者が平等に発言の機会を得ているか（討論を独占している人がいないか、逆にまったく意見を言わない人がいないか）
②反対意見の表明が個人攻撃になっていないか
③討論の流れが本来の主題から大きくはずれていないか

必要に応じて発言者に注意をうながしたり、適宜、討論の方向性を修正するのも司会者の役割です。しかし、司会者自身があまりにも長く発言したり、命令するような口調で発言をさえぎったりすることは避けましょう。

[課題]

日頃から新聞・雑誌の記事やテレビのニュースなどを通じて、世の中で起きていることに関心を持ち、「この件について自分はどう考えるのか」、「ほかの人たちはどう思っているのだろうか」と問う姿勢を常に持つことも大事です。たとえば何かの事件の新聞報道に、評論家や事件に関わる問題の専門家のコメントが併せて掲載されることがありますが、その意見に自分は賛成か反対か、その理由は何かを具体的に考えてみましょう。

（中谷文美）

▷**言葉の格闘技**
遙洋子　2000　東大で上野千鶴子にケンカを学ぶ　筑摩書房　p.217. 参照。この本ではアカデミックな場（たとえば大学の授業）での議論を私生活にも応用できる「ケンカ」と表現している。それはそれで納得できる部分もあるが、個人的な好悪の感情と討論の上でのやりとりを混同しないために、ここでは討論とケンカを区別している。

▷**司会者の発言例**
発言のうながし方：
・この点について、○○さんはどうお考えですか。
・△△さん、ご意見をぜひお願いします。
討論の区切りごとのまとめ方：
・今までのところ、意見は大きく……と……に分けられると思いますが、いかがでしょうか。
議論の流れの修正の仕方：
・○○さんのご指摘はごもっともですが、今の議論のポイントとはちょっとちがいますので、その件はあとで改めて取り上げることにしたいと思います。

Ⅳ　参加とパフォーマンスが求められる授業

討論の要領

 自分の意見に説得力をもたせるコツ

　討論は単なるケンカではないと書きましたが，参加者が複数の意見に分かれ，いつまでも平行線をたどるといった事態を避けるためにも，各自が自分の意見に説得力を持たせ，相手に「なるほど」と納得してもらうよう努力しなければ実り多い討論はできません。

　そのために必要な注意事項をあげておきましょう。

◯相手の立場を尊重する姿勢を明らかにする。

　いきなり反対意見を述べるのではなく，まず相手の発表や意見の内容のすぐれた点を指摘しましょう。

◯相手の意見と自分の意見の共通点，相違点をはっきりさせたうえで，その理由も述べる。

　「〇〇さんは……とおっしゃっていますが，私の意見は……です」と，自分の理解した内容にしたがって相手の主張を要約し，それに対して賛成か反対かを表明したあと，なぜそう思うのか，自分の考えを続けて説明しましょう。

◯自分のオリジナルな意見を述べる。

　誰かの受け売りではなく，自分で考えたことを意見として述べましょう。ただし，本で読んだ内容や授業で聞いたことなど，自分が言いたいことを代弁していると思われるものがあれば，出所を明らかにした上でその意見を紹介してもかまいません。

◯論理的展開を心がける。

　「私はとにかく……と思うんです」と自分の主張だけを一方的に相手に伝えても，説得力はありません。自分の経験や歴史的事実など，具体的な事例を用いながら，筋道を立てて話すことが大切です。

◯感情的にならない。

　司会者が割って入らなくてはならないほど，ゼミでの討論が白熱するとすればそれにこしたことはありません（残念ながらめったにないことですから）。しかし意見の応酬が感情的になりすぎると，討論の焦点がぼけたり，討論と口論の区別がつかなくなったりします。グループ討論の場合はとくに，冷静さを欠いた意見表明は周囲の人の支持を得られにくくなります。

▷発表者に対する肯定的なコメントの例
・このテーマには私も個人的に興味があります。とても勉強になりました。
・論点がよく絞られていて，わかりやすい発表でした。
・むずかしいテーマによくがんばって挑戦していると思います。

○ **相手（他人）の立場になって考えてみる。**

　自分の意見だけに固執せず，特定の主題をめぐって，自分とは異なる考え方をする人，反対の意見を持つ人は，なぜそのように考えるのかを，いわば相手の身になって理解してみようとする姿勢を持つことも大切です。

② ディベートの技法から学べること

　ところで，**ディベート**という言葉を聞いたことはありますか。具体的には，「死刑制度は廃止すべきだ」「日本にもサマータイムを導入すべきだ」というような特定の論題がまず与えられ，その論題について肯定する側と否定する側とが意見を戦わせ，最終的に審判が勝敗を決めるというものです。

　これは厳密なルールのもとに人為的な設定で行うゲームですから，授業における討論とは目的が異なります。ただ，相手を説得できるような討論の技術をみがくという点で，ディベートを経験してみることは役に立ちます。

　ディベートの準備段階では，論題が与えられてから，さまざまな資料を探索し，手に入れた資料をもとに，筋道の通った，論理的な主張の仕方を検討することになります。重要なのは，あなたがたとえ個人的に死刑制度に反対する気持ちを持っていても，ディベートのチーム分けをした時点で肯定する側に回ることもあれば，その逆もありうるということです。つまり，個人的な思想や意見とはとりあえず無関係に，資料による裏づけを駆使しながらあくまで論理にしたがって主張を展開するという点に，ディベートの特徴があるといえるでしょう。

　さらに，相手の主張を注意深く，かつ批判的に聞く態度もきたえなくてはなりません。相手側の論理的展開のどこに無理があるか，矛盾がひそんでいるかを鋭くつくことで，審判に自分の側の優位性を印象づけることができるからです。

③ 討論は役に立つ

　授業でのグループ討論から学べる重要なポイントの一つは，論理的思考を養い，それを言葉で表現する経験を重ねるということです。いわゆる実社会に出てからの，職業生活においても，討論の機会はいくらでもあります。そのとき，冷静かつ論理的に自分の意見を述べることができるかどうかは，経験がものをいうはずです。

　しかし，自分の意見を表明して相手を説得するために必要なのは，もちろん言葉のレベルの技法だけではありません。そのとき問題となっているテーマについて，どれだけ広く，深く理解しているか，どれだけ自分の頭で考えているか——とどのつまりは，知性の勝負といってもいいでしょう。ですから，日ごろからメディアの報道などに広く接するとともに，自分なりの意見をきたえておくことが大切です。

（中谷文美）

▷相手の身になってみる姿勢
何が何でも反対，というのではなく，相手の論理展開を一応理解した上で反論したほうが効果的だし，逆に自分の意見が修正される可能性もある。

▷ディベート
「あるテーマにかんして，限られた時間内に，決められたルールにしたがって，肯定・否定の2組のグループに分かれて議論をし，その過程がいかに論理的であり建設的であるか，互いの正当性や説得力を競争する一種の知的ゲーム」（東海大学留学生教育センター口頭発表教材研究会　1995　日本語口頭発表と討論の技術　東海大学出版会　p.115.）

▷論理力をきたえる
以下は，討論というよりも，論理的な文章を書くためのトレーニング用教科書ではあるが，「論理の力」とはこういうもの，ということが体得できる。
野矢茂樹　2001　論理トレーニング101題　産業図書

Ⅳ 参加とパフォーマンスが求められる授業

上手な口頭発表

1 大学の授業における口頭発表

演習や実習などの参加型の授業の中では、学生であるみなさんが、教員や他の受講生の前で話をする、つまり口頭発表を行う機会が多くあります。特定の文献の内容に関する話題提供を行って、授業をリードすることもあれば、自分が行った学習や研究の成果を、報告することもあるでしょう。以下では、こうしたさまざまな口頭発表のあり方と、その基本ポイントを紹介します。

2 口頭発表のタイプ

◯ 話題提供のための発表

▷口頭発表のタイプ
複数のタイプを組み合わせた意味合いを持つ発表もある。たとえば、自分の学習・研究の成果を報告するとともに、その報告内容を、その後の討論の話題として提供する場合などがこれに当たる。

授業の参加者全員で学ぼうとする内容について、担当者が、あらかじめ文献を読んだり資料を集めたりして討論の材料を用意し、それを提供するために行う発表です。たとえば、文献講読を中心とする演習授業では、毎回、受講生が、自分の担当した文献の内容を紹介して、それに基づいて討論が行われる、という形式が多く見られます。

話題提供のための発表のイメージは、発表者と聴き手とが、ともに机を囲み、それぞれが手元の文献や資料に目を落としながら、話が進んでいく、というものです。授業の担当教員が司会者役となる場合も多いでしょう。発表の途中で、適宜、聴き手が質問や意見を挟んだりしながら、徐々に討議が進展していくことになります。

◯ 意見聴取のための発表

自分自身の学習や研究の計画について、教員や他の学生たちから意見やアドバイスをもらうために行う発表です。たとえば、実習や論文指導などの授業では、受講生が順番に、自分自身の研究の進め方について相談したり、途中経過を報告したりする機会が多くあります。

意見聴取のための発表のイメージは、"研究室ミーティング"における情報交換です。1人や少人数のグループで研究を進めていると、どうしても、判断に迷ったり不安を感じたりして、行き詰まってしまうことがあります。また、逆に、根本的な誤りや考え違いに気づかないまま、研究を進めていってしまうこともあります。こうした問題が起きないよう、メンバーがお互いの研究についての情報を共有し、助け合うのです。

○成果報告のための発表

　文字通り，自分が行った学習や研究の成果を報告するための発表です。たとえば，実習の授業では多くの場合，自分が行った文献調査や野外調査，実験などの成果を発表するよう求められます。また，卒業前には，同級生や下級生を集めて，卒業研究の成果発表会が催されることもあるでしょう。

　成果報告のための発表のイメージは，発表者が，自分の挙げた成果の内容をコンパクトにまとめて，聴き手に"プレゼンテーション"する，というものです。成果報告のための発表は，いわば，口頭で報告するレポートや論文のようなもので，それ自体，ひとつの"作品"であるといえます。

③ 口頭発表の基本ポイント

○発表のタイプと役割を認識する

　口頭発表の機会を与えられたら，まずは，自分がなすべき発表がどのタイプに当たるか，しっかり認識しましょう。発表のタイプに応じて，発表者に求められる役割は異なっています。たとえば，話題提供のための発表であれば，発表者は，単に文献の内容を紹介するだけでなく，討論の種になるようなポイントを，いくつか指摘しなくてはなりません。ポイントが提示されないまま発表が終わると，参加者は，どこから討論を始めてよいのかわからず，沈黙してしまうでしょう。

○目的をはっきりさせる

　限られた発表時間の中で最大の効果をあげるために，自分自身の発表目的をはっきりさせましょう。たとえば，意見聴取のための発表であれば，自分が今回，どのような点について意見を求めたいのかを，聴き手に明確に告げることです。その際，「実験のデザインについてA案，B案のふたつの間で迷っているので，意見を聞きたい」とか，「○○について調べているのだが，文献によっていくつか違った説明があり，どう解釈してよいのかわからない」など，相談したい部分を具体的に示すことが大切です。

○適切な資料を準備する

　発表の目的に応じて，資料を準備しましょう。たとえば，話題提供のための発表では，担当した文献，関連資料，口頭発表のポイントを記した**レジュメ**などが，その後の討議の材料として必要です。これらは，参加者一人ひとりの手元に配布するようにしましょう。また，意見聴取のための発表なら，自分が相談しようとしている内容に関して，できるだけ詳しく具体的な資料を用意しなければ，有益な意見はもらえません。近年では，さまざまな**プレゼンテーション機器**が普及しています。積極的に活用しましょう。特に，成果報告のための発表の場合には，これらの機器は，聴き手に発表の内容を印象づけるための大切なツールとなるでしょう。

（村本由紀子）

▷レジュメ
発表のポイントや関連する内容を印刷した配布資料。

▷たとえば，調査票（アンケート）の作成案について意見を聞くときなどは，実際にその調査票を印刷して配布し，聴き手の一人ひとりに，回答者になったつもりで一通り記入してもらうのもよい。

▷プレゼンテーション機器
スライドや動画などの資料を投影する機器。近年では，パソコンや各種AV機器とつないで画面を表示できるプロジェクターや大型ディスプレイが広く普及しており，大学でもこれらを備えている教室が増えている。

Ⅳ 参加とパフォーマンスが求められる授業

口頭発表の準備(1)：テーマ設定から資料作成まで

1 口頭発表の準備

　前章で述べた通り，大学の授業の中では，さまざまなタイプの口頭発表を行う機会があります。中でも，成果報告のための発表は，自分がこれまでに学んできたことを多くの人にアピールする，大切な機会です。

　口頭発表の最も難しい点は，やり直しのきかない"一期一会"の発表だということです。話す言葉は，その瞬間，瞬間に消えていくもので，聴き手に後戻りしてもらうことはできません。限られた時間の中で，自分の言いたいことを確実に聴き手に伝えるには，さまざまな工夫と努力が必要です。以下では，成果報告のための発表を中心に，上手な"プレゼンテーション"を行うための準備のポイントを，ステップ・バイ・ステップで紹介します。

2 ステップ1・これだけは最初に確認しておく

　口頭発表の機会を与えられたら，自分が行う発表のイメージをはっきりと持つことができるように，発表する場所の広さと使える設備を，真っ先に確認しておきましょう。**レジュメ**による発表か，**プレゼンテーション機器**を使った発表かによって，当然ながら，資料の作り方も，発表のイメージそのものも，大きく変わってきます。

3 ステップ2・基本コンセプトを決める

　いよいよ，準備開始です。まずは，「どういう発表をするのか」という基本的なイメージを，頭の中で作ることからスタートしましょう。

●メッセージを持つ

　口頭発表の計画を立てる上で大切なのは，今回の発表で自分は何を伝えようとするのか，という"メッセージ"を，自らしっかり認識することです。これから行う準備はすべて，「そのメッセージを最もわかりやすく聴き手に伝えるにはどうしたらよいか」という一点に集約されるからです。たとえば，何を目的として研究を行ったのか，どんな新しい発見があったのか，など，伝えたいことを明確にしましょう。

▷レジュメ
⇒ Ⅳ-4 「上手な口頭発表」参照。

▷プレゼンテーション機器
⇒ Ⅳ-4 「上手な口頭発表」参照。

▷メッセージを持つ
「自分は授業でやれと言われたから，単位のために発表するだけだ」という人は，伝えたいメッセージなどないと思うかもしれない。しかし，そういう発表を聴かされる人の身にもなってみよう！　発表者から何のメッセージも伝わってこない，だらだらと単調に続く発表は，聴いていて退屈なだけであることに気づくだろう。

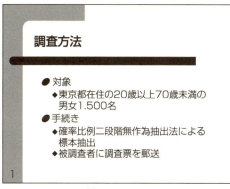
(a)文字スライド

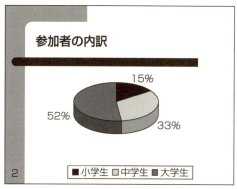
(b)グラフスライド

図20　スライドの例

○**メッセージを絞る**

特に積極的に関心を持って学んだことを報告する場合には，伝えたいメッセージもたくさんあるかもしれません。しかし，限られた時間の中で，話があれこれと拡散してしまうと，結局どの話も中途半端になり，聴き手の記憶に残りません。メッセージは，本当に大切なこと，特に聴き手の関心を引きそうなことだけに絞りましょう。

▷メッセージを絞る
口頭発表で紹介しきれなかった部分は，「補足資料」として後で配布してもよい。

○**時間と聴き手のことを考える**

どんなによい内容の話でも，持ち時間をオーバーする発表は失敗です。与えられた発表時間に合わせて，発表する分量をイメージしておきましょう。また，聴き手がどんな人たちか，その顔を思い浮かべて，それに合わせた発表のイメージを持っておくことも大切です。たとえば，自分の研究についての発表を，専門知識のない下級生にも聴いてもらうのなら，よりなじみやすく，わかりやすい話にする必要があります。

❹ ステップ3・レジュメやスライドを作り始める

レジュメやスライドは，発表のストーリーがすっかり固まってから作ろうと思わず，逆に，これらを作りながらストーリーを考える方が，上手くいきます。試行錯誤しながら何度も作り直すつもりで，早い時期から作り始めましょう。できれば，手書きよりも，パソコンを使って作りましょう。いつでも簡単に，順番を入れ替えたり，内容を差し替えたりすることができるので，便利です。

▷作りながら考える
図解は，人に伝えるためだけでなく，自分の考えを整理するための道具としても重要な役割を果たす。レジュメやスライドで図表を作りながら，それを使って考えをまとめていけば，効率的に準備を進めることができるだろう。

○**まずは，「見出し」を列挙する**

発表する内容を具体的な形にしていくために，レジュメやスライドの見出しを，思いつくままにあげてみましょう。たとえば，自分が行った調査や実験の報告をするなら，レポートの場合と同じように，「問題」「目的」「仮説」「方法」「結果」「考察」「結論」といった見出しが，すぐに思い浮かぶのではないでしょうか。方法や結果，考察の項には，さらにその中に，いくつか小見出し

▷スライドの見出し
図20スライドの例を参照のこと。

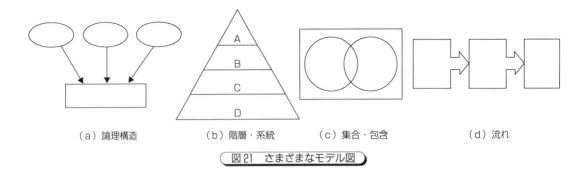

図21　さまざまなモデル図

がつくでしょう。スライドの場合，結果のグラフなどは，1枚のスライドにひとつずつ載せるので，個々のグラフのタイトルが，そのまま，スライドの見出しになります。

○視覚的に表現する

レジュメ，スライドいずれの場合であっても，できるだけ，視覚的な表現を心がけましょう。たとえば，「Xという現象が生じる背景には，A，B，Cという3つの原因が考えられる」などと，文章だけで記述するよりも，図21(a)のような論理構造のモデル図を使って表現する方が，見た目にも興味を引きますし，わかりやすくもなります。この他にも，組織構造などを表すなら(b)階層・系統モデル，グループ関係などを表すなら(c)集合・包含モデル，手続きや時間経過などを表すなら(d)流れモデル，というように，さまざまなスタイルを使い分けるとよいでしょう。

また，調査や実験の結果を示すときや，統計資料を調べた結果を報告するときには，数値のデータを視覚的に表現するグラフを使いましょう。棒グラフ，折れ線グラフ，円グラフ，ヒストグラムなど，多くの種類があります。データの種類や内容によって，どのグラフを用いるべきかが違いますので，正しく使い分けましょう。

▷グラフの使い分け方
詳しくは，Ⅲ-9〜11を参照のこと。

○文章は箇条書きにする

どうしても文章で表現する必要のあるところは，できる限り，文字数を減らしましょう。レジュメの場合には，つい説明文をたくさん書きたくなりますが，レジュメに書かれた文章をそのまま読み上げるだけの発表は，つまらないものです。また，スライドの場合には，文字が多すぎると，そもそも遠くの人には読めません。重要なポイントやキーワードを，箇条書きするだけにしておきましょう。

▷箇条書きの例
図20(a)文字スライドを参照のこと。

○用語を統一する

同じ概念を表すのに，たとえば「感情」「情動」「気持ち」など，いろいろな用語が混ざって出てくると混乱を招きます。用語は，よく吟味した上で，最も適切なものを1つ選んで使いましょう。

5 補足：ビジュアル・プレゼンテーション

プレゼンテーション機器を使った発表のことを，特に「ビジュアル・プレゼンテーション」と呼ぶことがあります。専用の**ソフト**を使えば，スクリーンに映えるカラフルなスライドを，簡単に作成することができます。美しいビジュアル・プレゼンテーションのためのスライド作成のポイントを，いくつかまとめておきます。

◯ 文字数は少なく，フォントは大きく

聴くだけではわかりにくい表現も，話に合わせて画面の文字を見ることができると，理解しやすくなります。大切なポイントやキーワードを，「目的」「結論」などの見出しとともに，提示しましょう。このとき，文字数はできる限り少なくし，大きなフォントで見せましょう。フォントが小さいと，読みにくいだけでなく，ごちゃごちゃして美しくありません。

◯ モデル図は，ルールを決めてシンプルに描く

モデル図は，キーワードを四角形や楕円などの基本図形で囲んで「ブロック」をつくり，それらのブロックどうしを「関係線」や「矢印」で結ぶことによって，描くことができます。このとき，基本図形を上手に使い分けることがポイントです。たとえば，ブロックを作る基本図形には，右のように多くの種類がありますが，無意味に多くの種類の図形を使ってはいけません。「専門的な概念は四角形で表し，自分の考えは楕円で表す」など，自分なりのルールを定めましょう。

◯ 色遣いを意識する

図表を描くときには，色の系統を意識しましょう。モデル図では，同系色を基本にし，視線の動きに沿って濃度を変えていくようにすると，まとまりがよくなります。その上で，強調したい部分には反対色を使えば効果的です。グラフの場合は，要素の違いを区別しやすい色を選びましょう。グラフを説明するときに「まず青色の部分を見てください」と言っても，濃い青や薄い青があっては，聴き手はどれを見てよいのかわかりません。

◯ 全体に統一感を持たせる

"きれいに仕上がっている"と感じさせるいちばんのポイントは，全体に統一感を持たせることです。文字は，日本語・英語それぞれについて，基本となる**フォントの種類**を定め，無意味にフォントを変えないようにしましょう。イラストを使う場合には，その系統も揃えましょう。さらに，**背景**の色やデザインも，スライドごとに変えたりせず，全体を通して統一しましょう。背景に落ち着きがないと，肝心の情報（文字や図表）のインパクトが薄れてしまいます。

（村本由紀子）

▷プレゼンテーション・ソフト
現時点で最も有名なソフトは，Microsoft 社のパワーポイント（PowerPoint）。スライドに音やアニメーションをつける機能も備わっており，プロジェクターや大型モニターがあれば，ダイナミックなビジュアル・プレゼンテーションを簡単に行うことができる。配布資料として印刷することもできるので，レジュメ発表の場合でも利用できる。

▷ブロックを作る基本図形の例。

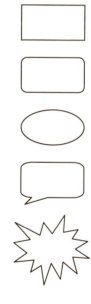

▷フォントの種類
日本語の場合，一般には，線の太さが均一で見やすいゴシック系フォントがスライドに適している。

▷背景
プレゼンテーション・ソフトには，さまざまな色やデザインの背景が用意されている。

IV 参加とパフォーマンスが求められる授業

口頭発表の準備(2)：ストーリー作りからリハーサルまで

1 口頭発表の準備・後半

発表のテーマが決まり，自分が伝えたいメッセージも絞り込みました。それに沿って，レジュメやスライドも，徐々に形になってきました。口頭発表の準備は，ようやく半分まできました。ここから先は，発表の内容にひとつの明確なストーリーを与え，そして，肉づけをしていく段階です。

2 ステップ4・ストーリー展開を考える

レジュメやスライドの素案が少しずつできあがってきたら，それらを並べながら，発表のストーリーを考えます。

◯「結論」を最初に宣言する（"ミステリー・スタイル"はだめ）

レポートや論文では，序論・本論・結論の順番で話を進めるのが普通ですが，口頭発表では，自分が最もイイタイコト，つまり「結論」を，初めのうちに明らかにすることがポイントです。犯人が途中でわかっては困るミステリーとは違って，口頭発表では，最後まで結論を隠しておいても，多くの場合，あまりよいことはありません。聴き手が発表の焦点を絞りきれず，メッセージが思うように伝わらない恐れがあるからです。むしろ，自分はこの発表で何が言いたいのか，何を伝えようとしているのかを，聴き手に一刻も早くわかってもらって，その上で，詳しい説明をしていく方がよいでしょう。

具体的には，発表の冒頭（タイトルの次）で，「今日の発表の流れ」または「今日の発表のポイント」をまとめてレジュメやスライドに記し，提示する方法などが効果的です。

◯直線的なストーリーにする（"波乱万丈"はだめ）

レジュメやスライドの素案が揃ったら，とりあえず，話の順序に沿ってラフに並べてみます。そして，一通り，筋を追ってみましょう。話がそれているところはありませんか？　あれば，思い切って削りましょう。話が前後していると感じるところはありませんか？　順序を入れ替えて，わかりやすくしましょう。ストーリーは単純明快であるほどよいのです。自分が学んだプロセスのすべてを，起こった順番通りに発表する必要は，まったくありません。

▷「今日の発表の流れ」
いわば，発表の"目次"のこと。

▷「今日の発表のポイント」
自分がいちばん大切なところ・わかってほしいところ。

悪い例として，調査や実験研究の成果について発表するとき，「このデータに対して，最初は○○の分析をしてみたが，うまくいかなかったので，今度は△△の分析に変えてみました」などと，自分がたどった紆余曲折を，逐一，報告する人がいます。こういう発表はいけません。聴き手は，波乱万丈の途中経過より，「要するにどうなったの？」「結局のところ何が言いたいの？」ということが気になるからです。枝葉は落とし，曲がりくねった筋道はまっすぐに直して，シンプルにしましょう。

直線的な発表ストーリーができているか否かを確認するには，レジュメやスライドの見出しだけを並べて，理解のしやすさをチェックしてみることです。ただし，自分ではなかなか的確な判断がしにくいものなので，この段階で友人や先輩などに見てもらうのもよいでしょう。

◯魅力的なタイトルをつける

口頭発表にも，レポートや論文と同じように，必ず，タイトルをつけます。タイトルは，自分が今から何を話すのか，最初に聴き手に知ってもらうための重要な情報で，これがないとストーリーは完成しません。

簡潔でわかりやすいことが第一ですが，それでいて，発表の内容を明確に表していることが望まれます。短い字数で中身の濃い**タイトル**を考えましょう。よいタイトルがついていると，それだけで聴き手は発表に興味を持ち，積極的に聴こう！　という姿勢を作ってくれます。

▷タイトル
タイトルが長くなりすぎるときは，副題をつけるのもよい。また，卒業論文などの成果を口頭発表する場合には，普通，論文題目と同じタイトルをつける。

③ ステップ5・スピーチの中身を決める

ストーリー展開が決まったら，今度は，その筋書きに沿って，具体的なスピーチの内容を詰めていきます。

◯キーワード型のシナリオを用意する

決められた時間の中で，最適な順序で話を進めていくためには，スピーチの内容について，あらかじめ，きちんとしたシナリオを作っておくことが大切です。しかし，**一字一句もらさず記したスピーチ原稿**は，必ずしもお勧めできません。原稿があると，ついそれに頼り，頭の中で十分に理解しないままに棒読みをしてしまいがちです。ちょっと目を離すと自分がどこを読んでいたのかわからなくなることもあります。これでは，聴き手に訴えかけるスピーチをすることはできません。代わりに，見出しとキーワードだけを箇条書きにした，スピーチの**シナリオ**（アウトライン）を用意しましょう。キーワードを見ただけで自然に話が出てくるようになるまで，頭を整理しておくことが重要です。

▷一字一句もらさず記したスピーチ原稿
リハーサルの段階では作っていてもよいが，当日はそれを手にすることなく発表するよう，努力しよう。

▷シナリオ
手元にシナリオ原稿を用意しなくても，レジュメやスライドに記されたキーワードを手がかりにして，自然にスピーチ内容が思い浮かぶようになれば，なおよい。

◯具体例を挿入する

専門的な理論や概念について説明する場合，堅苦しい定義だけを示しても，聴き手は理解しづらいものです。そんなときは，具体例を盛り込むと，とても効果的です。シナリオの中のこれはという箇所に，上手に挿入しましょう。

> 中島義明他（編）1999 心理学辞典　有斐閣，による定義。

たとえば，心理学の専門用語で「原因帰属」というのがありますが，これについて，用語辞典の定義そのままに解説すると，次のようになります。

「原因帰属」とは，一般の人々が，身の回りに起こるさまざまな出来事や，自己や他者の行動に関して，その原因を推論する過程です。

一方，具体例を盛り込んで解説するなら，たとえば次のような形が考えられます。

「原因帰属」とは，たとえば友達が大学を休んだとき，なぜ休んだのだろう，たまたま風邪を引いてしまったのだろうか，怠け者だからまたサボったのだろうかなど，休んだという行動の原因を推測することです。

こうして比べてみると，わかりやすさも聴きやすさも，かなり違うことがわかるでしょう。特に，自分の発表の中で何度も使う，重要な理論や概念については，最初にその用語が出たときに，具体例を出して丁寧に説明しておくことが必要です。

このほか，スピーチの最初の部分に，今日の発表で扱おうとする内容に関する具体例を入れ，そこから話を始めるのも，効果的です。たとえば，「日本とアメリカの文化の違いについて」というテーマで発表するとしましょう。このとき，「私がアメリカに留学していたとき，アメリカ人の生徒たちが授業中いつも積極的で，自己主張がとても強いので，カルチャー・ショックを受けたものです」などのエピソードから入ると，聴き手が興味を持ちやすく，よい導入になります。具体例は，このように自分の体験談でもよいですし，「最近マスコミで…」といった具合に，時事の話題を出すのもよいでしょう。

❹ ステップ6・リハーサルをする

さて，これまで，多くのステップをこなしながら，発表の準備を進めてきました。準備の最終段階，最も大切なステップは，リハーサルです。持ち時間をオーバーすることはないか，話すスピードは速すぎないか，自分の主張が誤解されることなく聴き手に伝わるか，などなど，チェックすべき項目はたくさんあります。

リハーサルは，できれば他の人に見てもらうのがいちばんです。特に，年度末の研究発表会など，大人数で行うプレゼンテーション・イベントの前には，早めに友人どうしで相談して，リハーサル会をするとよいでしょう。そのような機会を持つことができない場合には，自分ひとりでよいので，必ず，実際に声を出して発表の練習をしてみましょう。ビジュアル・プレゼンテーションの場合には，スクリーンを指し示す動作なども，実際にやってみましょう。

入念にリハーサルをしながら，発表資料やスピーチのシナリオを，柔軟に改訂していきましょう。

> 発表資料の改訂
> レジュメやスライドも，リハーサルが終わるまで完成しない，と考えること。リハーサルの結果，レジュメやスライドの内容を大幅に変えるのはよくあることである。

IV-6　口頭発表の準備(2)：ストーリー作りからリハーサルまで

[課題]
　口頭発表の準備のステップを，もう一度おさらいしておきましょう。それぞれのステップで大切なことは，何だったでしょうか？　ポイントをまとめておきましょう。

ステップ1　これだけは最初に確認しておく
ステップ2　基本コンセプトを決める
ステップ3　レジュメやスライドを作り始める
ステップ4　ストーリー展開を考える
ステップ5　スピーチの中身を決める
ステップ6　リハーサルをする

（村本由紀子）

Ⅳ　参加とパフォーマンスが求められる授業

7　口頭発表・当日のポイント

1　発表当日を迎えて

　発表の準備が整いました。後は，当日，実際に聴き手を前にして話すだけです。慣れないうちや，聴き手が大勢いるときなどは，緊張するかもしれません。けれども，口頭発表は，回数を重ねるうちに必ず上手になっていくものです。卒業するまでには，何度もチャンスがあることでしょう。一歩ずつステップ・アップして，いずれは，聴き手を感心させるようなプレゼンターを目指しましょう。

2　ステップ1・最低限，これだけは守ろう

○自分で面白いと思って発表する

　発表をするからには，聴き手に興味をもってもらいたい，面白い発表だったと思ってもらいたいものです。そのためには何よりまず，自分自身が，発表する内容に自信をもち，面白いと思っていなければなりません。自分でも面白いと思えないような話を，他の人が面白がってくれるはずはないのです。自分が興味をもったところ，面白い結果だと思うところを，他の人にも共有してもらうつもりで話しましょう。たとえ本当は自信のないところがあっても，発表中はそのことは忘れて，積極的にアピールしましょう。

○アイ・コンタクトをとる

　口頭発表は，話し手と聴き手の，双方向的な (two-way) コミュニケーションです。決して一方的になってはいけません。聴き手一人ひとりの顔を見ながら，語りかけるつもりで行うことが大切です。目線を宙に泳がせながら，あるいは手元の原稿を凝視しながら，独白のように話すのは厳禁です。また，スクリーンの方を向いたまま，というのもよくありません。聴き手に対して自分の顔と身体をしっかり向け，目線を合わせて話しましょう。

　そして，できるだけ，聴き手の反応を確認しましょう。聴き手が少しでも「？」という顔をしていたら，言い方を変えて繰り返したり，少し間をとって頭を整理してもらったりするなど，臨機応変に対応することです。「わかりにくいですか」，「次のスライドに移ってよろしいですか」などと，聴き手に直接尋ねるのもよいでしょう。

▷自信をもって発表する
「たぶん…じゃないかと思います」などのような，曖昧で自信のなさそうな言い方をしないで，「…です」と，明快に言い切る歯切れのよさも重要。

▷企業で実際に行われているという，アイ・コンタクトの訓練法
聴き手一人ひとりの机の上に，エンピツを立ててもらい，発表者と目が合ったと思ったら，エンピツを倒してもらう。全員のエンピツが倒れるまで，練習を続ける。

▷聴き手とのコミュニケーション
発表時間が長い場合には，発表の途中で，「今までのところでご質問はございませんか」と尋ね，短い質疑時間を設けるのもひとつの方法。

❸ ステップ2・できれば，これもなんとかこなそう

○ センテンス（1つの文章）を短く

　できるだけ短い文章で，歯切れよく簡潔に話しましょう。長く切れ目のない文章は，理解しづらく，聴き手を疲れさせます。また，堅い言葉を使わないことも大切です。読めば理解できる文章と，聴いてわかる文章とは違います。わかりやすい表現で，確実に聴き手に理解してもらうよう，心がけましょう。さらに，文章の最初や最後に，余計な言葉を挟むことも，できるだけやめましょう。たとえば「ていうか，日本の大学生は……」，「というわけでですね，これがですね……」など，多用されると聞き苦しいものです。人によってそれぞれにクセがあるので，友人などに指摘してもらうとよいでしょう。

○ 図表を指し示す

　スクリーンに図や表を映しながら発表する，ビジュアル・プレゼンテーションの場合には，適宜，実際に図表を指し示して，聴き手を誘導しましょう。図表のどこを見ながら説明を聞けばいいのかが即座にわからないと，聴き手はそれを探すのに負担を感じてしまいます。特に，データをグラフで表している場合には，まず，横軸・縦軸がそれぞれ何を示すのかなど，基本的なグラフの構造の説明から入り，その後，具体的なデータの特徴について，十分な時間をかけて説明するようにしましょう。

❹ ステップ3・「プレゼンがうまい！」と思わせよう

○ 間，抑揚，繰り返し

　声の調子が単調なまま話が長く続くと，どうしても聴き手の集中力が途絶えます。特に強調したいポイントを話す前には，間をとること，声のトーンを少し変えることなどによって，聴き手の注意をひきつけることができます。上手にできないと思う人は，「ここが今日のいちばんのポイントです」「ここからが重要なところです」など，直接，聴き手に注意を促してもよいでしょう。また，話の重要ポイントは，繰り返して確認することも効果的です。

○ "ほどよく"動く

　発表の間，もじもじと落ち着かなく身体を動かしたり，図表を指し示す指がひどく震えていたり，ということがあると，聴き手はそれが気になって注意を削がれてしまいます。しかし，その一方で，終始同じ場所，同じ姿勢で話し続けるというのも，聴き手にとっては刺激に乏しく，必ずしもよいことではないのです。特に，発表時間が長い場合には，ときには聴き手の方に近づいてみたり，スクリーンに歩み寄って，大きな動作で図表を指し示したりしてみましょう。変化と刺激を与えることによって，聴き手を飽きさせずに話を進めることができるはずです。

▷歯切れのよい説明の例
「本研究の目的は2つあります。第1は○○です。第2は△△です。」

▷スクリーンを指し示すために
あらかじめ，レーザーポインターなどを用意しておくのもよい。

▷グラフの説明の例
「このグラフは，回答者の年代別のテレビ視聴時間を示したものです。横軸が年代，縦軸が平均視聴時間を表しています。このように，年代が高い層ほど，視聴時間が長くなっていることがわかります。」（下線部で，グラフの該当部分を実際に指し示す。）

5 ステップ4・聴き手を唸らせる（?）高等テクニック

○ときには聴き手に質問する

　口頭発表は，話し手と聴き手の，双方向的なコミュニケーションである，とすでに述べました。そうはいっても発表の間，発表者はしゃべりっ放し，聴き手はただ座って聴いているだけ，では，なかなか"双方向性"を実感する機会がありません。ときにはこちらから，聴き手にちょっと水を向けてみることです。「○○という言葉を，聞いたことがありますか」，「みなさんなら，この質問にYesと答えますか，Noと答えますか」など，一言で答えられるような簡単な問いかけを挟んでみましょう。たまたま目が合った聴き手に答えてもらってもよいですし，全員に声を出してもらったり，手を挙げてもらったりするのもよいでしょう。

▶簡単な問いかけ
答えるのに困ったり，時間がかかったりするような問いは，発表のリズムを崩すもとになるので避ける。

○わざとスキを見せる

　後で詳しく述べますが，口頭発表では，必ず発表の後に質疑応答の時間があります。聴き手の中には，この時間になるべく鋭い質問をしよう！　とはりきっている人がときどきいます。そこで，さらに高度なテクニックとして，発表のときに意図的に多少の隙を見せて，そういう聴き手のための"つっこみポイント"を作っておく，という手があります。

　たとえば，自分が行った調査や実験の結果について，自分の解釈とは別の考え方もありそうだ，というとき，発表の中では，あえてそのことには触れずにおきます。鋭い聴き手が，「別の解釈のしかたもあるのではないか」と尋ねてくれれば，しめたものです。実は，あらかじめ，その別解釈可能性を否定する材料を用意しておくのです。「時間の関係で，発表の中では詳しくご説明できませんでしたが」と前置きした上で，「実は同じ調査の結果，○○のようなデータも得られています。この結果と先ほどの結果を合わせて考えると，やはり，最初の解釈の方が妥当だということになります」などと，明快に説明してみせましょう。こうしたパフォーマンスによって，発表者の力量を，聴き手に強くアピールすることができます。"発表した内容がすべて"ではなく，かなり厚みのある研究を行っている，という印象を与えるからです。

6 補足：質疑応答のポイント

　発表者にとって，質疑応答の時間は，ときには発表以上に不安の大きいものです。あらかじめ，質問されそうな事柄をある程度予測し，「想定問答集」を用意しておくのがいちばんですが，予想外の質問や鋭いつっこみをされることもよくあります。焦らず，落ち着いて対処しましょう。

　質問の意味がよくわからない場合には，わかるまで丁寧に聞き返しましょう。質疑応答における失敗の大半は，質問者の意図を正しく理解していない場合に

起こるのです。特に問題なのは，質問者の意図を誤解して，結果的に的外れな回答をしてしまうことです。質問者が納得していないと感じたら，「ご質問への答えになっているでしょうか」，「ご自身はどのようにお考えですか」などと尋ね，逆に質問者に語ってもらうようにするとよいでしょう。

　質疑応答でなされる質問には，いくつかの種類やパターンがあります。それらをある程度知っておくと，比較的慌てずに済みます。

◯テクニカルな質問

　「実験の手続きをもう少し詳しく教えてほしい」とか，「先ほどのあのグラフの意味がよくわからなかった」など，聴いていて理解しにくかった部分をはっきりさせるための質問です。これに対して答えに困ることはまずないでしょう。質問された箇所のレジュメやスライドをもう一度見てもらいながら，説明するとよいでしょう。

◯内容そのものに関する質問

　「なぜ，そういう方法で研究を行ったのか」とか，「今回の成果を踏まえて，今後どのような展開を考えているのか」など，発表者の考えや意見を問われる質問です。必ずしも肯定的な質問ばかりでなく，たとえば「あなたの提示した結果には，別の解釈の方が適切だと思うがどうか」など，批判的な質問もあるでしょう。反論できる材料を自分が持っていると思う場合には，落ち着いてその理由を述べましょう。すぐに答えることができないと思う場合は，無理に言い返したりせず，「確かにそういう考え方もあるかもしれません。改めて検討してみたいと思います」などと言うだけでも十分です。質疑応答で出てくる批判的な質問は，決して発表者をけなす意図のものではなく，むしろ，新しい考え方に気づかせてくれるよいアドバイスですから，今後の学びに生かしていきましょう。

◯コメント

　質問ではなく，発表を聴いた上での自分の意見や考えをコメントするだけの発言も，多くあります。最初に，「これはコメントです」と断って発言してくれる人もいますが，そうでない場合には，答えを求められているのかどうかがよくわからないこともあります。落ち着いて，よく聞きましょう。コメントに対する返答は，関連する話題があれば，披露することが望ましいですが，特になければ，単に「ありがとうございます」とお礼を言うだけでも構いません。

　質問やコメントが多く出るということは（たとえそこに批判的な内容が含まれていたとしても），大勢の聴き手が自分の発表に興味を持ってくれたことの証です。「たくさん質問されて困ってしまった」という人は，逆に「自分はよい発表をしたのだ」と，そのことを誇りに思いましょう。そして常に，多くの質問をしてもらえるような発表を目指しましょう。

（村本由紀子）

Ⅳ 参加とパフォーマンスが求められる授業

実験・実習の授業で習うこと

なぜ実験・実習をするのか

○研究方法論の修行をする機会

高校とは異なる大学らしい授業の一つとして，何度も行われる実験や実習の授業があげられるでしょう。これらはとても大事な授業です。それは研究活動を模したものだからです。

講義で得た知識の上に探求の営みを重ねていくには，研究の方法論を学んでいく必要があります。実証的な研究方法論の基本は，手続きが明確で科学的なことですが，どうすればそうできるのかは，実際の作業を通じて理解するのが最も効果的です。

○講義名と履修者

履修要覧には，「〇〇学実習」，「〇〇学実験」，「〇〇調査法」などとなっているでしょう。実験や調査はさまざまな分野で行われていますが，自分の専門とする領域に絞ったものを履修するケースが多いようです。〇〇を専攻の者に限る，などと履修制限がかけられていることもあります。教員にも学習者にも相当な手間がかかり，また課題も難しいためでしょう。

2 実験の授業

○実験は発見のためにするもの

高校では，実験といえば理科の授業のオプションだったかもしれません。何か決まった法則があって，一定の手順をふめば結果が楽しく確認できる，いわばタネのわかった手品のようなものだったかもしれません。

大学でする実験は，下級生のうちは，やはり著名な法則に則した現象の確認作業から始まります。しかし上級生になると，結果のわからない自作の実験を企画することが求められていきます。その結果を眺めて，何か意味のある結論が出せるのかどうか，一生懸命考えることになります。

それは発見という，とても興味深い作業です。手探りだけに，確かな結果が見込めるよう，的確な実験計画のたて方を身につけねばなりません。

○実験の2つの種類

大学の実験は，実験室の中のみならず，世間の普通の場面で行うものもあり，生活環境すべてが実験場になり得ます。実験室内の実験は**実験室実験**と呼ばれ

▶実験室実験
たとえば心理学では，「えさを食べ終わったニワトリも，空腹のニワトリが来て猛然と食べ始めると，つられて食べ始める」ことが確認されている。これは食行動の心理的要因を，実験室で実験的に確かめたものといわれる。

ます。人工的な環境なので現実味には欠けますが，条件を統制しやすく，要因を明確に操作できます。それに対して**自然実験**は，現実的な場面の中で実験するので，状況の制御はしにくくなりますが，現実味の高い方法であるというのが利点です。

3 調査・実習系の授業

○ 調べて発見する技術

現実の中から何かを読みとって発見につなげていくには，一定の方法で情報を切り出していく技術を習う必要があります。応用範囲が広いため，一口に調査・実習といっても，授業にはずいぶんとバリエーションがあります。

○ 調査・実習の例

たとえば，言語学では新聞記事の言葉使いを分析したり，地理学では市役所でもらった人口動態の資料をまとめたりして，資料の解析を行っています。社会学では社会調査を実施し，若者の政治意識についてアンケート結果を分析したりしています。

ほかに文化人類学では，地域のお祭りに参加しながら，地域文化の伝承を調べています。心理学では，災害のストレスについて被災者に面接調査を行い，人の話をデータにしています。考古学では，遺跡を掘り出す発掘調査を行って，現場を丹念に調べています。

これらを通じて，科学的な手続きの見習いをしていくわけです。アンケートやインタビューも，単なるご意見伺いとは違った実証的な手続きをふんだものでなければなりません。

4 科学的な手続きとは

調査項目の設定の仕方や，データの分析方法などは，かなり体系化されています。パソコンを活用して結果を整理したり，統計的手法を用いて分析することもあります。

詳しくは各分野の参考書に譲りますが，イメージをつかんでおいてもらうために，本章の続く節に言語学の調査と心理学の実験の例をあげておきます。

[課題]
1. あなたの専攻では，実習や実験を行う授業はどれでしょうか。履修要覧から，探してみましょう。
2. それらの授業は，どこで何をするのでしょうか。シラバスを見て確かめてみましょう。

（田中共子）

▷**自然実験**
心理学の例では，「繁華街の歩道で本を落としてみて，周りの人の反応をみる」という実験がある。どんなときに人を助ける行動が発生しやすかったり，しにくかったりするのかを，落とす人の年齢や性別，周囲の人通りの多さなど，条件を変えて確かめることができる。

Ⅳ 参加とパフォーマンスが求められる授業

9 調査実習の例と基本のまとめ方

▷この節の内容は，岡山大学文学部で行ってきた調査実習科目の実施経験に基づいている。

1 調査実習とはどのような授業か

○教室の外へ

ここで取り上げるのは，野外実習，社会調査実習，あるいはフィールドワーク実習といった名前で行われる授業です。ふつうの授業とちがい，学びの場は教室の中ではありません。大学の外に飛び出して，特定のテーマに添った調査をみなさん自身が行うことになります。

○自分の5感をフル活用する授業

実験や文献資料などを中心とした調査と異なるのは，生身の人間を相手にすることです。自分の足，頭，感性を十二分に使った学びの方法です。

○グループ，あるいは個人で

一般に，授業の一環として調査実習を行う場合には，ある程度の人数でグループを作り，グループごとのテーマを特定して実施します。ただし，そのグループ内で個人が作業を分担することもよくあります。

また，卒業論文作成のために，このような授業で学んだ技法や経験を生かして，個人で調査を行うことも可能です。

▷フィールドワーク
文化人類学では，「自分が生まれ育った環境とは異なる社会や文化のもとへ足を踏み入れ，そこに住む人びとと暮らし，かれらの生活や社会のしくみなどを学び理解する」（須藤健一（編）1996 フィールドワークを歩く　嵯峨野書院）という方法を指してフィールドワークと呼んでいる。だが，フィールドワークの現場は遠く離れた異文化だけではない。身近な世界であっても調査者が自分の5感を駆使して得られるデータを求めて行う場所や状況であれば，それも現場となりうる。

2 調査実習の目的

あるテーマについて調査し，結果を口頭で報告したり，報告書にまとめるというプロセスを実行するためには，さまざまな段階を経なければなりません。準備段階や調査の実施にあたっては，注意しなければならない点がたくさんあります。

調査実習の授業では，こうした一連のプロセスを教員の指導のもとに実際やってみることで，社会の「現場（フィールド）」における調査の方法を学ぶのです。

学生たち自身が現地に出かけてデータを収集するという意味での**フィールドワーク**という手法を，授業の中に取り入れている分野は実にさまざまですが，ここでは文化人類学や社会学の例を中心に取り上げます。

3 調査を始める前に必要なこと

○テーマ，対象の選択

個人で行う調査は多くの場合，まず自分がいま興味をもっていること，たと

えば「現代の若者の恋愛観」,「少子化の原因」といったテーマを選び,それから具体的にどんな人を対象にどんな調査を行うかを決める,といった順になるでしょう。

しかし授業として行う調査実習は,ある特定の地域（○○県△△村）や事象（□□市の××祭り）など,具体的な対象を決めてからスタートする場合が多いようです。とりあえず,どこかの祭りを対象に行う実習を例として考えてみましょう。

◉事前の準備

どのような場合も,いきなり現地に行ってインタビュー,ということはありえません。実際の調査にとりかかる前に,やっておかなくてはならないことがたくさんあります。たとえば次のような作業が必要です。

- 資料探査：自分たちが調べようとしている祭りについて,入手可能な資料（文献,新聞記事,映像など）を探す。大学図書館や公立図書館,インターネットなどを活用する。
- 資料の読み込み：集めた資料に基づいて,祭りの概要（由来,実施のプロセス,担い手),歴史などをまとめる。
- テーマの絞り込み：その祭りについて,どのような角度から調べるのかを検討する。たとえば地域コミュニティにおける祭りの意味づけ,担い手の意識の変化など。
- 調査計画書の作成：各テーマごとに何をどのように調べようとするのかという見通しを立て,計画書を作成する。
- 関係者とのコンタクト：調査の主旨を伝え,協力してもらうことが可能かどうか打診する。その際,調査成果をどのように発表するかということについても具体的に説明する。

4 バラエティ豊かな調査手法

じっさいの調査に用いる手法にはいろいろなものがあります。主なものを次にあげておきましょう。

◉参与観察

調査対象地域に足を運ぶタイプの調査,特にフィールドワークと呼ばれるものの中心的な手法がこれです。祭りの調査であれば,準備過程から祭りの当日,あるいは後片づけなどに実際に参加し,そこで見聞きしたこと,自分の感じたことなどを細かくノートに書いていきます。それがデータの重要な部分となります。

◉インタビュー

祭りの運営方法,歴史的経過,問題点など特定のテーマについて,文献資料や直接の観察などでは得られない情報が必要であれば,関係者（主催団体,地

▷調査手法
近年は,フィールドワークの手法に関するさまざまなテキストが刊行されているので,参考にしてほしい。
小田博志 2010 エスノグラフィー入門 春秋社
日本文化人類学会（編）2011 フィールドワーカーズ・ハンドブック 世界思想社
椎野若菜（監修）100万人のフィールドワーカーシリーズ（全15巻）古今書院

▷フィールドノートをつける
調査を通じて,自分が体験したこと,観察したこと,人に聞いたことなどを細かくメモしていく。とにかくマメに書くこと,一見何でもないように思える出来事や発言も含めてなるべく詳細に書くことが大事である。「何が重要で,何が重要でないか」をその場で判断することは難しいからだ。

域コミュニティ，市町村役場の担当者など）への聞きとりをします。
　インタビューの際には，自分が聞きたいことだけを順に聞いていくのではなく，大まかな話題だけを設定して，なるべく自由に相手に話してもらうようにしてみましょう。

○アンケート調査

　ある程度の多人数を対象に，祭りをめぐる意見や感想などを聞きたい場合は，質問紙を用いたアンケート調査をすることもあります。実際に質問紙を配る前に予備調査を行い，質問項目の整理や質問の順の検討などを十分にやっておく必要があります。

○映像による記録

　祭りなどの場合は特に，映像による記録も重要です。その場にいて観察したり，言葉による説明を受けたりしただけではすくい取れない情報や祭りのダイナミズムを発見する手段になるかもしれません。

> ▷インタビューの仕方
> 「話を聞いていた私に，その人がまた話をしたいという気持ちになるような状況で，話の続きを聞いていくことが大切です。そうすると，しずくのようにポツリ，ポツリと落ちてきていた情報が急にダッと降ってきたり，点と線だった話が，面，さらに立体になって，その人が何を大事にしているのか，その人の経験やら，何か事件が起こったときにその人がどう考えているか，そういうことを聞き出すことができてきます」（原ひろ子　1993　観る・集める・考える　カタツムリ社p53.）

⑤ 調査実習の心得

○自分の問いを立てること

　授業だからといって受身のまま参加して，言われる通りのことをやっているだけでは，最後まで調査実習の醍醐味はわからないでしょう。グループ全体で設定した対象やテーマの枠内であっても，一人ひとりが自分なりの問いを持つことが大事です。これが知りたい，これをこのように調べたら面白いんじゃないか，といった「面白さ」の追求もしてみましょう。

○自分の問題意識に固執しない

　しかし，自分なりに重要だと思うこと，知りたいことを整理していたとしても，実際の調査が始まったら，それにとらわれないことです。むしろ，調査の中で出会う相手が何を重要だと考えているか，何を伝えようとしているかということを大事にしましょう。自分の予想外の展開を迎えたとしたら，それもよし。つまり，自分の問題意識をしっかり持った上で，あえて柔軟に調査を進めることが最も大切です。

○人との関わりを大切に

　この章で取り上げているような調査実習では，「人と関わる」ことが調査の核心となります。ですから，言うまでもないことですが，相手の感情やプライバシーを傷つけるような不用意な言動は許されません。たとえ相手の好意に支えられていても，調査をするということは相手の生活圏に踏み込む行為だということを十分自覚して下さい。

⑥ 調査報告書のまとめ方

　一般に調査実習の報告書は，グループ全体でまとめることになります。し

がって，全体の構成，章立てなどは全員で話し合って決めます。テーマごとにいくつかの班に分かれて調査をした場合は，各班で1章ずつを担当することになるでしょう。

個人で書くレポートとはちがい，調査でお世話になった方々に配布することなどのために，簡易印刷で1冊の本の形にまとめるのがふつうです。

❏ **報告書の基本的構成**

実習に基づく報告書には，次のような要素を入れることが必要です。

- 調査の目的

  調査の対象についての説明と，調査によって何を明らかにしようとしたかということを示す。

- 調査の実施方法

  具体的にいつ，どのような形で調査を行ったかを説明する。アンケートなどを実施した場合は，対象者，実施年月日，配布方法，回収率などを明記する。

- 調査結果の提示と分析

  テーマごとに，調査によって明らかになった事実を示し，調査者（授業の受講生）自身による分析や考察を加える。

- 図表

  調査結果を示すときには，統計資料，地図，アンケート結果などをわかりやすい図表の形で挿入する。

- 参考文献一覧
- 巻末資料

  そのほか，参考資料として役立つものを巻末につける。アンケートを含む調査の場合は，質問紙も再録する。

- 謝辞

  調査の過程でお世話になった関係者の方々へのお礼を述べる。

❏ **報告書作成にあたって注意すべきこと**

報告書として印刷物にする以上は，調査に直接たずさわった自分たち以外の読者が，内容を十分理解できるような書き方や情報の提示の仕方を工夫する必要があります。

また，報告書に登場する個人や団体のプライバシーには十分配慮し，特に個人的な情報を盛り込む必要がある場合などは，あらかじめ本人の了解を得ることが不可欠です。

[課題]

　p 105で紹介したテキストなども参考にしながら，自分が関心を持っているテーマに関して具体的な調査計画を立ててみましょう。

（中谷文美）

▶**アンケート調査の実施方法の提示例**

○○村，△△村，□□町を対象に，2002年12月1日にアンケート調査を実施した。住民台帳に基づいて各地域あたり100世帯を目安にして無作為に調査対象者を選択した。調査方法は留置法で，各世帯に直接配布し，1週間後に回収した。アンケートの回収率は全体で＊＊．＊％であった。各町村別の回収率は表1-1の通りである。

表1-1

	配布世帯数	有効回収数	有効回収率
○○村			
△△村			
□□町			
総数			＊＊．＊％

Ⅳ　参加とパフォーマンスが求められる授業

 調査の例と基本のまとめ方

調査は自分の主張に対する証拠を見つけるために行う

　ここでは，調査について見ていきましょう。レポートは，自分の意見や主張を述べるものでした。自分の意見や主張は，きちんとした裏づけがあるものでなければなりません。この「きちんとした裏づけ」をすることを，「証明する」という言葉を用いるなら，主張や意見は証明されなければならないということになります。ではどのようにすれば証明ができるのでしょうか。その一つの方法が調査なのです。

2　日本語学の場合

◯用例収集

　日本語学での主な調査は用例収集です。日本語学は用例収集を非常に重要視する学問です。「けっこう」について日本語教育誤用例研究会（以下，誤用例研究会）は，「うまい／いい／高い」などの肯定的な語と共起しやすく，「まずい／悪い／低い」などの否定的な語とは共起しにくいと述べています。

(1)　今日の給食は，けっこう（◯うまかった／×まずかった）。
(2)　期末試験の成績はけっこう（◯よかった／×悪かった）。
(3)　彼はけっこう（◯背が高い／×背が低い）。

この主張は正しいものでしょうか。これを調べるために，用例を収集することを考えてみましょう。

◯用例の集め方

　用例収集の最も手軽で一般的な方法は，小説や新聞を見て，「けっこう」の例を拾い上げていく方法です。用例は，後で整理ができるようにカードを作ったり，コンピュータに入力したりしておきます。しかし，このような手作業は膨大な時間を要します。「けっこう」のような，比較的使用頻度の高い語ならまだしも，ほとんど用いられないような語を調査する場合には，新聞を一日分全部見ても用例が見つからなかったというような骨折り損になる可能性があります。そこで最近では，CD-ROM などに小説がそのまま記録されたものが市販されていて，それを用いてコンピュータで検索をするという方法が使われるようになりました。これを用いて「けっこう」の検索をかけると，その CD に収録されている用例の中からすべての「けっこう」の例を瞬時に探し出すこと

▶日本語教育誤用例研究会　佐治圭三（監修）・福島泰正（編）　1997　類似表現の使い分けと指導法　アルク　p. 86.

▶CD-ROM 版　新潮文庫の100冊　新潮社，や新聞記事のデータベースなどがある。

ができます。

◯テレビやラジオから集める

　この他，「けっこう」のような，どちらかといえば話し言葉的なものは，テレビや映画，ラジオなどの音声言語を文字化（文字起こし）するという方法も有効です。この方法は，最近の若者の言葉を調べる場合には最も効果的かもしれません。いずれにせよ，さまざまな資料から実例を採集し，調べたい語の実体を調査します。用例は多ければ多いほどいいです。少なくとも1,000語くらいは集めた方がいいでしょう。

◯内省・インフォーマントチェック

　実例を見ていって，上の仮説を覆すような例が一件も出てこなかったとしましょう。これは何を意味しているのでしょうか。誤用例研究会がいうように「けっこうまずい」「けっこう悪い」のような言い方は存在しないと結論づけることができるでしょうか。

　この結論を出す前に，データを得るもう一つの方法を見ておきましょう。これは，内省という，自分の直感を利用して文を作ってみるという方法です。

◯作例を作る

　(4)　夏なのに，けっこう寒くない？

　(5)　この店，外見の割にはけっこう安いね。

(4)(5)は，いずれの例も「けっこう」が否定的な形容詞についていますが，恐らくこれを不自然だと判断する人はいないでしょう。(4)(5)は，私が自分の内省によって作った文で，これらを用例に対して作例と呼びます。日本語学では用例が重視されますから，もし，探した資料の中にそのような例が見つかるのならそれを使って提示する方がいいです。しかし，仮に調べた資料の中に，一例もこのような否定的な形容詞につく「けっこう」の例が見つからなかった場合には，誤った結論を導いてしまう前に作例を作ってみて，その結論が本当に正しいのかを確かめておく必要があるでしょう。

◯作例のメリット

　作例には，上であげたメリットの他に，ありえない例を作ることによって，結論を確かめることができるというメリットがあります。たとえば「〜ている」と「〜ているところだ」の違いについて実例を調べたところ，どうやら「〜ているところだ」は，主語が意志をもつものでなければならないという仮説を思いついたとしましょう。これは用例を見れば，「そうではない例は見つからなかった」という，いってみれば消極的な根拠です。しかし，作例を用いることによって，この結論の正しさを確認することができます。

　(6)　×雨が降っているところだ。　　　（庵他より引用）

　(7)　×見て見て，船が沈んでいるところだよ！

▷庵功雄・高梨信乃・中西久美子・山田敏広（松岡弘（監修））2001 初級を教える人のための日本語文法ハンドブック　スリーエーネットワーク　p.58.

○インフォーマント・チェックを行う

しかし作例の中には，自分の判断が非常に微妙で，言おうと思えば言えるような気もするが，言えないかもしれない，……というものもあります。たとえば次のような例です。

(8)　A：中間選挙で民主党が勝った。B：いや，その党は共和党だ。
（庵を修正）

> 庵功雄　1995　ソノNとソレ　宮島達夫・仁田義雄（編）　日本語類義表現の文法　くろしお出版　pp. 632-637.

この例を出した庵功雄先生は，この文を「言えない」としています。しかし，これを最初に見たとき，私には「言えるんじゃないの？」という気がしたのです。実際の会話では「いや，それは共和党だ」などと言うでしょうから，このような文が不自然だと感じるのかもしれません。とはいえ，「使わない」ということと「使えない」ということは別にして考える必要があります。このような場合にはインフォーマント・チェックを行います。早い話がアンケートです。周りの日本語の母語話者に，この文が言えるかどうかを判断してもらうわけです。この場合も，聞く人数は多ければ多いほど客観性が増すのでいいです。ただし，出身地，年齢，性別などのさまざまな要因によって，判断が揺れる可能性がありますから，そのことは考慮に入れておく必要があります。

○いくつかの方法を組み合わせてバランスのよい調査を行う

このように見てくると，作例の方が用例よりも優れているかのような印象を受けるかもしれませんが，それは間違いです。用例を収集することで，自分の作例では考えもおよばなかった例に遭遇することがあります。このような出会いはまさに"遭遇"で，そこから研究が飛躍的に進むということも往々にしてあるのです。つまりは，用例収集と作例，インフォーマント・チェックはバランスよく行って，自分の主張，結論を確実なものにする必要があるということです。

> 因みに，誤用例研究会の「けっこう」の話には続きがある。(4)(5)の場合には「寒い／安い」がある種の優位性をもつというのである。そこで優位性を「程度の高いもの」「話し手にとっていいもの」と定義づけると，(4)の場合は前者で，(5)の場合は後者で説明ができるという。いまここで，この主張の是非を云々するつもりはないが，この説明を以て(1)〜(3)の説明は可能なのだろうか。「まずい」程度が高ければ「けっこうまずかった」も言えていいように思うが……。このことは興味を持った読者のみなさんにお任せする。

3　データの整理

○データの整理

集めたデータは，自分のレポートにうまく活かせるように取捨選択したり，順番を変えたりして整理しなければなりません。手書きのカードを用いるのもよし，コンピュータを用いて整理するもよしです。読み手にわかりやすくするために，表や図を作成してもよいでしょう。ただし，表や図は必要に応じて作成するようにしましょう。

○データの分析

データが整理できたら次は分析に入ります。上の誤用例研究会の主張，「否定的な形容詞には『けっこう』は使用されない」というものは，彼らが「けっこう」の用例を見て彼らなりに分析した結果得られた結論です。この結果を得るために，用例を収集したわけです。せっかく集めたデータですから，それを

> 時々，枚数を増やすために表や図を無理矢理作ったのではないかというような，無意味なものを見かけるので気をつけよう。

使って自分なりにいろいろ考えてみることが大切です。ここが学問の面白いところでもあり学問の魅力でもあるのです。

　分析の仕方は1通りとは限りません。1つの現象にさまざまな研究者がさまざまな角度で，時には正反対の主張を行います。どちらかの主張が正しいこともあれば，どちらの主張も正しくないこともあります。しかしそれは，得たデータを分析してその分析がデータと矛盾しないものである範囲でなら，どのような主張をすることも自由であるということで，これも学問の醍醐味であると言えるのではないでしょうか。

4　文系の学問における調査

　この章では，日本語学の調査の仕方の一例をあげて，文系の学問における調査の方法を簡単に見てきました。ここで，他の学問にも応用できる調査をするときの注意点を見ておきましょう。

- 目的は明確か？
  「けっこう」は本当に否定的な形容詞にはつかないのだろうか？
- データから言えることから，自分の主張は証明できるか？
  行った調査だけで，正しい結論が得られただろうか？　実例を集めた段階では，否定的な形容詞につく「けっこう」はないようだが，本当に用例採取だけでこの結論を正しいとすることは可能だろうか？
- 方法は公平か？
  インフォーマント・チェックを行ったが，方言や男女差，世代差などを考慮に入れただろうか？
- 図や表は効果的に使用されているか？　ムダではないか？
- 分析に矛盾点はないか？

[課題]
1. 「フリーターも一つの人生の選択肢である」という主張をしたいとき，どのような調査が必要になりますか。
2. 「最近の若者の言葉は大変乱れている」ということを主張する場合，どのような調査が必要になりますか。また，どのような方法でその調査をすればいいと思いますか。調査の前にしなければならないことはありますか。
3. この調査をする際に，「×××と言うことがありますね？」「あなたは言葉が乱れていると思っていますよね？」などという選択肢を作り，3歳から25歳までの人で，出身地はどこかわからない人5人に調査を行おうと思います。この方法には問題がありますか。それはどんなところですか。

（堤　良一）

Ⅳ 参加とパフォーマンスが求められる授業

実験の例と基本のまとめ方

▶実験
「理論や仮説が正しいかどうかを，人為的に一定の条件を設定して試し，確かめてみること」（「広辞苑 第四版 岩波書店」）。科学的な探求を行うための基本的な方法の一つ。

▶実験例題
心理学実験指導研究会（編）1985 実験とテスト：心理学の基礎6 両側性転移（鏡映描写） 培風館，ならびに武庫川女子大学・安藤明人教授の実験教材をもとに，本書用に簡略化したものを作成した。レポートは，平成13年度同大学卒業生の下田薫菜さんの作品を参照させていただいた。

▶鏡映描写
鏡に写った図形をなぞるのは，像が逆に映っているのでやりづらい。しかしそれでもやっているうちに慣れて上手になることを，ここでは要領を「学習」したとみている。どちらの手が学習したかにこだわるのか，どちらの手でも学習したに違いないと見るかで，異なる結果が予想できる仕組みになっている。

1 実験の授業で学ぶこと

○実験レポート
大学の**実験**では，実験結果を眺めるだけではなくて，得られたデータを分析し，実験レポートにまとめます。研究論文を模した形式で書かれるので，各領域に適した方法を心得ておきましょう。

○1年次
1年次は実験例の解説や，例題データを読みとる練習をする程度です。

○2〜3年次
実験の手続きを学習し始めます。わかりやすく作られた実験計画を与えられ，データの測定と処理の方法が指示されます。データを得る手続きの実際や，解析によって意味あるメッセージが浮かび上がる過程を体験します。

○3年次以降
研究論文を読み，自分なりに実験をアレンジしていく練習が始まります。やや難しい実験を手がけたり，小規模の実験を考え出したりします。

○実験に必要なこと
統計や情報処理などの技能系の授業をきちんと履修して，準備を整えておきましょう。科学的な態度を知るには，理系の授業も役に立ちます。体を使うので気力や体力も必要ですし，グループ作業では仲間との協力も大切です。

2 実験の例

専門用語が出てきて少し難しいのですが，2年生レベルの心理学の**実験例題**を出してみましょう。実験計画のたて方や条件設定の仕組み，実験場面の用意や，実験の手順が，具体的にわかるようにできています。

「鏡映描写学習による両側性転移の実験」

問題 右利きの人が，左手を自由に使うのはなかなか難しい。しかし右手のかわりに左手で練習しておいたら，その練習の効果は次に右手を使うときに出てくるのだろうか。それとも，左右の手の学習はまったく別のもので，左手で練習したからといって，右手で練習する手間を減らせることはないのだろうか。（→研究の問題設定） 両側性転移体，つまり左右両側で学習の効

果が転移するかどうかを，実験によって確かめてみる。（→実験の目的）　紙に書いてある図形を，鉛筆でたどってもらうのだが，鏡に映った手元しかみえないという，「鏡映描写」と呼ばれる課題を行う。片手で試した後，もう一方の手でも試す。そのとき，最初の手でした練習の効果が，次の手に現れるならば，転移が起きたことになる。以下の**仮説**をたてて，いずれが当てはまるかを検討する。（→実験の概略）

　仮説A：鏡映描写学習では，一般原理の学習をするので，手を代えても完全な転移が起きる。仮説B：鏡映描写学習では，一般原理の学習も手の筋肉の学習もするので，手を代えたら不完全な転移しか起きない。仮説C：鏡映描写学習では，手の筋肉の学習しかしないので，手を代えたら転移は起きない。（→仮説）

　方法　器具：鏡映描写装置，鉛筆，ストップウォッチ，**星形図形**（図１）数枚。（→道具）　被験者：大学生６人。（→対象）　実験手続き：星形を印刷した紙を机の上に置き，図形を一まわりなぞってもらう。手元が直接見えないよう，ついたてで隠すが，鏡を立てておいて，被験者は鏡に映った手元だけを見て図形をなぞるようにいわれる。１回なぞり終わることを１試行と呼ぶ。２人ずつ３組に分けて，第１，２，３群とする。１）第１試行：図形をなぞらせて，１周する時間を計る。２）第２〜12試行：第１群は利き手，第２群は非利き手で10試行を行う。第３群は**休憩**していてもらう。３）第13〜15試行：３群とも利き手で３試行を行う。

　結果の整理　記録用紙に各試行に要した時間を記入し，１）試行毎の所要時間（平均，標準偏差）を群別に求めよ。２）結果を図示せよ（縦軸・平均所要時間，横軸・試行回数）

　考察　１）仮説A，B，Cが正しければ，結果はどうなっているはずか。２）結果からみて，どの仮説が支持されたといえるか。３）鏡映描写学習では，どういう学習が起きたと考えられるか。

▷**仮説**
可能な解釈を仮の説明，つまり仮説として立てておき，実験結果を矛盾なく解釈できるかどうか試す。あてはまるかどうかを判断することで情報が集約され，筋道立てて考えやすくなる。仮説が不支持でも実験が失敗したわけではない。妥当な解釈を考える手がかりとすればよい。

▷**星形図形**
実物は１辺４cm，溝の幅４mm。

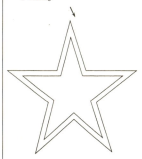

▷**休憩**
実験群と同じ時間を経過させるための措置。その時間に「練習」していた条件の群と，「休憩」した条件の群の結果を対比し，「練習」の効果を検出しようとしている。効果がありそうなことは何もしないという群には，比較の対照という意味があり，対照群と呼ぶ。一見無駄にみえるが，科学的な実験の組み方としては大事なテクニック。

③ 実験レポートのまとめ方

◯ 基本の構成

実験レポートは科学的な報告書ですから，淡々としかも正確に書いていきます。基本的な構成の概略例を，表７に示します。

◯ 内　容

表紙には，題と提出者の情報を書きます。二枚目の紙に「目的」と見出しを書き，少しあけるか行を変えて研究の問題設定と目的を述べます。自分の言葉で枠組みや狙いをまとめてください。行を変えて「方法」と書き，次の行から被験者，実験装置・実験器具，手続きと，それぞれ見出しをたてていきます。

表7　レポートの基本的構成（表紙＋本文）

```
「鏡映描写学習による両側性転移」

学籍番号 123456
山田太郎
実験日　2002 年 10 月 10 日
実験場所　21 号実験室
提出日　2002 年 10 月 24 日
```

```
　目的　鏡映描写の課題を用いて練習に伴う練習技能の上達過
程を調べ、両側性転移の現象が認められるかどうか、また実験
結果は下記の仮説のいずれを指示するかを検討する。仮説A…

　方法　器具：…、被験者：大学生6人、実験装置：…、手続
き：…。
　　　図1　星形図形（→図形を貼る）

　結果　各群の試行時間を、図2に示す。第2～10試行の間、
第○群が最も所要時間が長く、次に○○を用いた第○群が長く、
○○を用いた第○群は最も短かった…
　　　図2　第1群の…（→図を載せる）

　考察　仮説○が正しければ図2の○○は○○となるずであ
る。しかし○○となっていることから、○○と考えられる。以
上のことから、鏡映描写では○○の学習が起きているものと考
えられる…

引用文献　山下一郎　1995…
```

▶図表
図1、図2…、表1、表2…のように、レポート全体を通じて通し番号を付ける。本文中で言及した直後に載せるのが基本。ただし大きさが半端な場合は、2ページにわたって切れ切れになるのを避けるために、次ページにまとめて載せる。

▶参考書
たとえば心理学ではフィンドレイ、B.　細江達郎・細越久美子（訳）1996　心理学　実験・研究レポートの書き方——学生のための初歩から卒論まで　北大路書房、日本語学では宮地裕・甲斐睦朗・野村雅昭・荻野網男（編）1997　ハンドブック——論文・レポートの書き方　明治書院、などがある。

使用した材料も、「図1　星形図形」と題をつけて載せ、本文中に「図1のような星形の図形を書いた用紙を用いた」と記します。

次の「結果」ではデータを数値と文章で述べますが、「図2　各群における試行時間」など題を付けた図表も掲載します。続く「考察」は、解釈や結論を書くところです。結果で提示した情報について、考察で言及します。また「今回の○○は、山下（1995）の○○の理論によれば○○と解釈でき……」などと、引用文献を利用すれば考察に広がりが出せます。物事を概念化して理論を作っていくのが、学問らしい作業といえます。最後に「参考文献」や「引用文献」を、各分野の慣行に従って書きます。

実験で使った資料は、最後に「付表」として付け、本文中に「調査票は付表1に示した」などと記してください。

まずは**参考書**をひもときながらどんどん書いていくのが、上達のこつです。

［課題］
　上記実験例題では、なぜ3群が設定されているのでしょうか。条件を代えることで実験が組み立てられる仕組みを、考えてみましょう。

（田中共子）

コラム7

本を読もう！

　本を読むといっても，どんな本を読めばいいのでしょう。どんな本を読めば，大学生として成長することができるのでしょう。まずはあなたの大学のブックストアを覗いてみてください。いろいろな本が並んでいるはずです。最初に，あなたが勉強したいと思っている学問のコーナーを覗いてみましょう。何か，とても難しそうな本が並んでいますね。専門書というものは，大学に入りたてのみなさんには少し難しく，そして少し取っ付きにくいかもしれません。このような本を最初に読んでしまうと，「なんだ，学問とはやっぱり難しくてつまらないじゃないか」ということになってしまいます。

　そこで強い味方なのが，「新書」と呼ばれる一連の本です。新書というのは，とても簡単に言ってしまえば，学問を身近なものにしようとして，大学の先生や作家などが書いた，いわば学問の入門書です。そこで用いられている文章はとても平易で，しかもその分野の最先端の研究が紹介されていたりして，とても興味深く読み進めていくことができます。

　いろいろな出版社が，独自の新書を持っています。岩波新書，講談社現代新書，中公新書，NHKブックスなどがあります。分野もありとあらゆるものが揃っていて，みなさんが興味のある分野のものも必ず見つかるはずです。

　たとえば，今手元にある新書は岩波新書の『若者の法則』（香山リカ）という本です。ここでは，みなさんのような若者が日頃行うさまざまな（年配の人からは）不可解な行動を，精神科医である筆者がおもしろおかしく分析，解説しています。若い女性が電車の中で平気で化粧ができるのは，周りの他人は彼女たちにとってはモノでしかないからであるとか，若者は敬語を使わない代わりに，絵文字などを使って彼らなりに気を遣っているのだなどと書いてあります。その他にも，携帯電話やアルバイトのことなど，きっとみなさん自身のことですから，興味をもって読むことができると思います。

　新書を読むことで，学問のおもしろさ，奥深さを知っておくことは，これから学問を専門的に学ぶ時に必ず役に立つでしょう。よい本を読むことで，よい文章力も身につくはずです。読書で得た豆知識をお酒の席でチラッと披露すると，物知りとして周りからモテモテになるかもしれません。

（堤　良一）

コラム8

映画で学ぶ

　みなさんは，映画を観るのが好きでしょうか？ 映画は，もちろん良質なエンターテイメントですが，「学び」の手段としてもおすすめできます。

　たとえば，私が担当する心理学の講義では，文化と感情の関係について考えてもらうときの手がかりとして，受講生のみなさんに，映画を観てもらうことがあります。そのひとつである韓国映画，「風の丘を越えて」(1993)は，韓国の文化に固有の感情といわれている"恨（ハン）"を題材にしたものです。登場人物は，伝統民謡であるパンソリを歌いながら旅を続ける貧しい父と娘です。父は，娘の歌声に"恨"がこもっていないことを嘆き，彼女に"恨"を理解させるために，密かに食事に薬を混ぜて，娘を失明させてしまうのです。娘は，哀しみにくれながらも，父を許し，運命を受け入れて，ひとり生きていきます。"恨"という概念には，このような深く複雑な感情のプロセスのすべてが含まれています。映画を観て，娘の哀しい運命に共感することによって，"恨"の深さと複雑さを，実感として理解することができます。

　また，普段，私たちが観る機会の多いアメリカの映画やドラマにも，いろいろな学びの材料が含まれています。たとえば，さまざまなハリウッド映画で大統領が主役となり，ハリソン・フォードやマイケル・ダグラスなどの有名俳優が演じているのをみると，アメリカの人々にとって，大統領がある種の夢や憧れの象徴であり，"ドラマになる"存在なのだということがわかります。また，シカゴの緊急救命室を舞台にしたTVドラマ「ER」(1994〜)には，現代のアメリカが抱える社会問題のすべてが登場すると言われています。人種差別，エイズ，母子家庭，同性愛，医療ミス……。「ER」がアメリカで多くの視聴者の心をとらえた理由のひとつには，登場人物の悩みや苦しみが，一般の人々にも圧倒的なリアリティを伴って受け止められた，ということがあるのでしょう。もちろん，映画やドラマで描かれる世界そのものはフィクションですが，それらに込められたメッセージは，アメリカの政治制度や社会問題に眼を向ける上で，よいきっかけとなるはずです。

　このように，映画やドラマは，それが作られた国や時代の「文化」について，多くのことを教えてくれます。難しいことは考えずに楽しんで観るのがいちばん，ではありますが，ときには，好きな映画を通じてさまざまな文化に思いを馳せ，学びに役立ててみてください。

〔村本由紀子〕

コラム9

大学の学びは何の役に立つのか

　「大学で学んだことは社会に出て役に立たなかった」という声を聞くことがあります。一方で、「大学で学んだことがこんな風に役に立つなんて。学んでいて本当によかった」という人もいます。どちらが本当なのでしょうか？

　さる専門学校の案内書に、「第一線で仕事をしてきた講師陣から、現実的で役に立つことが学べる」とアピールされていました。しかし、「2年間では実用的知識を身につけるのに精一杯で、幅広い教養を身につける暇はない。大学への編入を斡旋している」とも書いてありました。大学で学ぶことには、専門学校とは少し異なった要素があるのだとしたら、それは果たして何なのでしょうか？

　大学でやっていることにも、実用的なことはありますし、実用に移る前の基礎固めとして有用な知識も習います。しかし次のような感想は、それとは違ったことを言っているように思われるのです。「学び方を学んだから、興味のあることは本を読んだりして調べられる」、「同じ問題でもいくつもの見方でアプローチできるということがわかった」、「論理的な思考力や表現力そのものが身に付いてきた」、「人の行動や社会の仕組みが読み解けてくるのが、とにかく面白い」。

　大学は「学問」をしています。この意味では抽象度が高いことがありますし、実用化される前の原理や法則も、未完の知識も扱います。大学では、いうなれば知を立ち上げる作業を通じて、新しいものをみつけ出したり、自分の力で考えていったりするときに使う、根本的な能力を養っているのではないでしょうか。また、人間や社会を深く理解するという意味でも、大学にはたくさんの手がかりがありますから、そうした興味を持つ人にはとても面白い世界かもしれません。私たちは、実用性以外にもさまざまな価値を感じていますし、それらが人の世界の豊かさを形作っていくこともあるでしょう。社会には、そうした営みへの期待やニーズも存在し、大学はそれに答える場という意味も与えられています。

　大学では、次なる知を生むための教育が行われています。大学へ行くか他の場を求めるかは、自分が選ぶことができます。あなたは大学に来ることになったのですから、それなら大学ならではの学びを、味わい尽くしてみてはどうでしょうか。

（田中共子）

Ⅴ　より深い学びのための道具

1　英語「で」勉強する方法

　「英語を学ぶ」から，「英語で学ぶ」へ

◯手段としての英語

これまで中学や高校で英語「を」学んできたみなさんは，大学に入った今，英語についてどんな感じを持っているでしょうか。

「**受験英語**はもうたくさん。これからはもっと会話能力を身につけたい」，それとも「英語に対する苦手意識がどうしても消えない。なるべく英語は避けて通りたい」？

たしかに大学の入試科目に英語が入っている以上，これまでの英語学習は，英語を学ぶこと自体が目的となっていたはずです。近年はコミュニケーション力が重視されるようになっているとはいえ，全体としては文法の習得や語彙・イディオムの暗記に力点が置かれる傾向があったでしょう。しかし，大学での学び方を考えるときには，英語は目的ではなく，手段なのだと発想を切り替える必要があります。つまり，英語を使って具体的に何を学ぶか，どんな情報を得るかということが大切なのです。

◯英語の資料を使おう

実際に個別の授業やレポート・論文作成などにあたって，英語をどの程度使うことになるかは，みなさんの専攻分野や個々の先生の方針によって，かなりちがってくるでしょう。基本文献の多くがすでに日本語に翻訳されている分野もあれば，英語の資料を読み込むことなしには，ごく基本的な議論も成り立たないような分野もあるからです。

しかし，おそらく分野を問わず言えることは，いま「旬」のトピック，時事性や話題性のあるようなテーマに興味を持った人は，やはり英語で書かれた論文や本，評論などに，目を通す必要があるということです。学問というものにも，ある種の「流行」や「国境」のようなものがあります。つまり，国際的な水準では当然とされている議論が意外に日本（語）ではまともに取り上げられていなかったり，逆に日本でさかんに行われている議論や研究が外国の文献にはほとんど紹介されていなかったりすることもあるのです。したがって，日本語だけで書かれた資料や論文しか読んでいない場合と，英語で書かれたものにも触れた場合とでは，特定のテーマに対するあなた自身の視点の持ち方が大きく変わってくる可能性があります。

▷受験英語
ほとんどの大学の入学試験では英語が必須科目となっている。その受験対策として学ぶ英語を受験英語と俗に言うが，単語やイディオムの丸暗記，英文読解の訓練などは決して無駄ではない。大学での学びのために英語を使いこなすにも，基礎的な英語力は不可欠だからだ。だがこの章では，とりあえず試験のための英語という発想を捨て，あくまでも具体的な用途に従って英語を使うことを薦めている。

○インターネットの情報も英語で

今日のようにインターネット上に豊富な資料が提供されている状況を考えても，英語を活用する価値は十分あります。英語のページを避けて通るようでは宝の山を前に後戻りするようなものでしょう。

○英語で意見を交換しよう

直接，大学での勉強に関わるケースのほかにも，英語をツールとして使いこなすメリットはあります。英語をコミュニケーションの手段とすることにより，日本語を話したり，日本語で書いたり「しない」，世界中の多くの人たちの考え方を知ることができ，互いに意見交換をすることも可能になります。

2　英語をとにかく使ってみること

英語は「使うために」あります。言葉とはそういうものです。しかし，自分にとっての母語ではない言語を使いこなせるようになるためには，それなりのエネルギーを注ぐ必要があることは言うまでもありません。

みなさんの場合には，少なくとも6年間，あるいはそれ以上の期間，英語を学んできています。その間，どれだけの英語力を貯えることができたかという点については，個人差があるでしょうが，これまでいやいやながらでもやってきたことは，けっして無駄ではないはずです。

○習うより慣れろ

大事なのは，英語がすらすら読めるようになる，文法のまちがいもなくぺらぺらしゃべれるようになる，という状態を目指す代わりに，今すぐにでも，辞書を引き引き，英語で書かれた文章を読んでみたり，つっかえながらでも，とにかく何かを相手に伝えてみることです。まさに「習うより慣れろ」です。

○個人的に関心のあるトピックから

この場合，英語「を」ではなく，英語「で」学んだり，コミュニケーションすることが目的なのですから，自分自身にとって興味のあるトピックを選ぶことが重要です。たとえば手始めに，自分が好きな外国人アーティストのインタビュー記事などを雑誌やインターネット上で探して読んでみてはどうでしょうか。あるいは，自分が面白いと思った映画や小説の批評文もいいかもしれません。書かれているはずの内容について，自分がある程度予備知識を持っているということに加え，意味を理解したいという興味が，あなたをひっぱっていってくれるはずです。

3　英文和訳ではなく，内容理解を心がける

たとえば，授業の課題として出された一定の長さの英語の文章を読むとき，「英文和訳」のつもりで，辞書を何度も引きながら，一字一句いちおう日本語に置き換えることはできたのに，肝心の内容のほうがさっぱり理解できないと

▶インターネット上の英語ページ

日本語表示の検索エンジン（goo. ne. jp, yahoo. com, google. com など）でも，英語のキーワードを入れれば国外の英語表記のページも拾ってくれる。yahoo!やgoogleなどは国別の検索エンジンにアクセスすることもできる。

▶英語以外の外国語

もちろん，専門分野や研究対象によっては，英語以外の外国語が重要になることと思うが，ここではとりあえず英語に絞って話を進める。

いうことはありませんか。そうした問題は，1つ1つの単語の，日本語での意味を気にするあまり，言葉と言葉，文（センテンス）と文，あるいは段落（パラグラフ）と段落の間の関係や，書き手がその文章の中でどのように主張を展開しているかという部分に注意を向けていないことによって起こります。

やや極端に言えば，英語「で」する勉強にとっては，ある英文を正確な日本語に翻訳することが大事なのではなく，書かれた内容を理解することが目的なのですから，多少わからない単語があっても，文章の書き手が主として言いたいことが理解できれば，それでもかまわないのです。

❹ 英語で書かれた文章を読みこなすコツ

さて，内容理解を目的として英語で書かれた文章を読む場合，いくつかのコツがあります。ここではポイントだけ紹介しておきます。

○ 何のためにその文章を読むのか，目的を確認する

これが重要なのは，目的によって，「読み方」もちがってくるからです。「英文講読」などの授業で，出席者全員が同じテキストを輪読することになっている場合は，かなりの精読が求められるでしょう。それでも，英語の授業ではないということを念頭に置いて，内容理解に重点を置いた読み方が必要です。

ある特定のトピックに関して，いくつもの論文や本に目を通す場合には，そのトピックに関連した箇所が特に重要なのですから，目次や**インデックス**を活用して，必要な部分を探し出すことから始めなければなりません。また，文章全体を同じ精度で読む必要はなく，トピックに関連する単語を探しながら文章を目で追う速読（**スキャニング**）をまずやって，それから特定の部分をくわしく読むことになります。

○ 文章の内容について，イメージをつかむ

じっさいに文章を読み始める前に，まずタイトル，あれば小見出しなどに目を通します。タイトルや小見出しの中にまったくわからない単語があれば，それはまず辞書を引いて調べたほうがいいでしょう。イラストや図表などがついている場合は，それも見て，何について書かれた文章なのかを考えます。とりあえず自分が読もうとしている文章全体のテーマと，書き手が伝えようとしている内容について，おおまかなイメージを持つということです。

○ 中心的な文を探す

特定の主題に関する文章は，どんなに長いものであっても，いくつかの文や段落のまとまりから成り立っています。そのまとまりごとに，書き手の最も主要な考えやメッセージを盛り込んだ文が必ずあります。それがここでいう「**中心的な文**」です。このような文の位置はいつも決まっているわけではありませんが，段落の中であれば，最初のほうの文，あるいは最後の文であることが多く，長い文章であれば，最初のほうの段落の中にあることが多いようです。こ

▷この箇所は，次の本を参考にしている。Kitao, S. Kathleen, & Kitao, Kenji 1997 *Basic Reading Strategies* 英潮社。この本は，英語の文章を読むときに効果的な手法を，練習問題とともにわかりやすく説明している。

▷インデックス
単行本の巻末についている索引のこと。主な項目が一覧表になっており，その項目について書かれたページ数が示してある。

▷スキャニング（scanning）
自分にとって必要な情報を得るために，特に重要な部分だけを探して読むやり方。

▷中心的な文
英語ではトピック・センテンス，キー・センテンスといった呼び方をすることが多い。

れ以外の文は，基本的に，主要なメッセージを補足するものであったり，具体的な事例を示すものであったりします。

この「中心的な文」の内容をよく理解することによって書き手の主張がわかるので，その文については精読する必要があります。その上で，段落全体の構成（文と文のつながり方，特に中心的な文との関係がどのようになっているか）をつかめばいいのです。

● アウトラインを考える

アウトラインというのは，ふつう，レポートや論文を書く前に，自分の考えを整理し，どういう順番で主張を展開するか，どこに事例を入れるか，といったことを考えるための方法ですが，文章を読むときにも使えるやり方です。

たとえば下記のアウトラインの構成例を見てください。ローマ数字（I，IIなど）の大見出しが文章の内容の要点を表し，アルファベット（A，Bなど）に続く小見出しがそれぞれの要点の中身を表し，最後に，数字に続く部分が，具体的な事例や事実の羅列にあたります。このように整理してみることによって，書き手の強調したい考えと，その考えを裏づける事実関係や事例の記述部分がどこかということがよくわかるのです。

● アウトラインの例

123ページの英文を例に，アウトラインを作ってみるとこうなります。

タイトル　Women's subordination: changes through time

I. Variation of gender roles through time and according to context

A. Heian period (upper class men and women)

1. men of the court visited women in houses at the court or in their natal homes.

2. Emperor's consorts lived at court to show alliances between the Emperor and their clans.

B. Muromachi period (the elite)

1. Women joined their husband's reidence/lineage to guarantee military strength.

2. Women's subordination increased.

C. Tokugawa period (samurai class)

1. The wives of the highest-ranking feudal lords were treated as hostages to guarantee their husband's loyalty.

2. They were trained to sacrifice personal desires for the prosperity of the household.

● 同意語の使い方に慣れる

英語の書き手は同じ単語を何度も繰り返して使うことを嫌う傾向があります。したがって，似たような意味の言葉がいくつも文章の中に出てくるときは，それらの単語がばらばらの事象や人物を指すのではなく，どれか特定の事象，あるいは同一人物を指しているのではないかとまず考えてみましょう。日ごろから同意語の語彙を増やしておくことも重要です。

（中谷文美）

V　より深い学びのための道具

英語論文を読んでみよう

▷出典：Rosenberger, N. 1992 Gender roles: The case of Japan. In M. L. Cohen（Ed.）, *Columbia Project on Asia.* Armonk, NY: Sharpe, pp.138-139.

　右ページの英文は，アメリカ人の文化人類学者が日本における性別役割について書いた文章の一部を抜き出したものです。日本でいう教養科目向けの教科書に掲載されているものなので，専門性の高い論文にくらべればずっと読みやすく，平易な文章です。

　これを例に使って，英語論文の読みこなし方を具体的にみてみましょう。

 テーマ（文章の主題）をつかむ

　まずは，タイトルから文章の内容（何について書かれているか）を把握します。この例であれば，論文全体のタイトルは Gender roles: The case of Japan ですが，抜粋した節の見出しは Women's subordination: Changes through time となっています。

　この中で難しいのは subordination という単語でしょう。わからなければ辞書を引いてください。ここでは「従属」という意味になります。つまり，この節の内容は，日本の性別役割をめぐって，特に女性の従属という問題を歴史的変化という観点から扱っていることがわかります。もう少し平たくいうと，「男女間の上下関係が時代によってどう変化してきたか」ということについて書いてあるわけです。

 「中心的な文」を探す

　第1段落の最初の2文（A, B）は，いずれも節全体の主題について説明している部分です。つまり，この文は両方ともこの節の「中心的な文」といえます。それに続く文（In Heian period…）は特定の時代を指していますから，すでに具体的な内容に入っていることがわかります。

 キーワードを探す

　この節の主題を念頭に置いて，「時代」を表す言葉を探します。第2段落，第3段落にそれぞれ，Muromachi period, Tokugawa period というのがありますね。すると，各段落ごとに一つの時代を取り上げて説明していることがわかるでしょう。

WOMEN'S SUBORDINATION: CHANGES THROUGH TIME

In studying Japanese history and society, it is important to remember that gender roles are not fixed, but vary through time and according to context.

Although Japanese women never have had autonomous economic or political strength, they have had more power as wives in some eras and classes of society than in others. In the Heian period (794–1192) several women who were consorts of the emperor wrote diaries and novels describing life at the court. In Murasaki Shikibu's *The Tale of the Genji*, the world's first novel, we see a world in which upper class women live either in houses set up for them at court, or in their natal homes, raising children whose fathers are men of the court. The women wait for those men, or other lovers, to visit them. Emperors kept consorts at court because the women's presence and childrearing for the Emperor created alliances between the Emperor and the women's various clans.

During the Muromachi period (1392–1573), many of the elite began to take up the practice of making political alliances by marrying a woman from an allied clan. Wives would enter into the residence and lineage of the husband. This contributed to an increased subordination for women as wives among the elite. The arrangement guaranteed military strength in this period of wars among strong clans.

This pattern in which the wife was firmly entrenched within the household of her husband was rigidified among the samurai class during the feudal Tokugawa period (1630–1868), when the country was united under the Shogun in Edo (Tokyo). The wives of the highest-ranking feudal lords were pawns in the political system, forced to live in the capital, away from their domains, as "hostages" to guarantee the loyalty of their husbands to the shogunate. Samurai wives were strictly trained to sacrifice personal desires for the prosperity of the household, both in everyday management of the household and in times of crisis. For instance, defeat of a husband in war was often followed by the suicide of his wife and children.

4 英語の文章は論理的

　一見，何が何やらさっぱりわからない英語の文章も，このように分解して考えていくと，案外読みやすくなるものです。たとえ高度な内容のものであっても，英語で書かれた文章は，きちんとした論理的展開に基づいて書かれているのがふつうですから，筆者の主張が明確に伝わってこない日本語の論文を読むよりも，実は理解しやすいこともあります。

　英文をとにかく頭から訳してみる，という癖を直し，**文章全体を解剖してみる**つもりで，内容理解に挑戦してみて下さい。

（中谷文美）

▶文章を解剖してみる
関係代名詞などが多く，入り組んでみえる長い文があったら，それを徹底的に解剖してみることを勧める。どんなに長いセンテンスも，必ず主語，述語や目的語ないし補語から構成されているはずだ。まずセンテンス全体を大づかみにして，どの語からどの語までが主語か，どれが主要な動詞か，といった感じで構造を解きほぐしていくと，わかりやすくなる。

Ⅴ　より深い学びのための道具

 英語によるコミュニケーション

 知識からコミュニケーションへ

　前章では，主に英語で書かれた文章を「読む」ことによって勉強に役立てる方法を説明しましたが，ここではコミュニケーションについて考えてみましょう。

○なぜ話せるようにならないか

　「英語を自由に話せるようになれたらどんなにいいだろう」と思っても，実際にはなかなか話せるようにならないのはなぜでしょうか。

　まず最初に言えることは，英語を聞いたり話したりする環境が日本ではまだ少ないということです。言葉というのはそれを使う環境と密接に結びついています。ですから，言葉だけを一生懸命学習しても，実践する機会がなければ，なかなか上達しないのも当たり前です。

○英語の知識を実践に結びつけよう

　だからといって，中学や高校で学んだ英語が無駄というわけではありません。語彙や文法の知識は，会話力の基礎としてとても重要です。問題は，そうした知識を実践に結びつけるためのステップを意識的に用意する必要があるということです。

② 英語を使う機会をつくる

○留学生との交流

　英語によるコミュニケーションを実践するためには，もちろん話す相手が必要です。最近はどの大学にも外国からの**留学生**が増えています。留学生のためのボランティアを買って出たり，いろいろな機会をとらえて，友達を作ってみてはどうでしょうか。

　とはいえ，留学生のほうは日本語を学ぶために来ているかもしれないのですから，一方的に，自分の英会話の相手として利用するようなやり方は当然避けるべきです。日本語で話す時間，英語で話す時間を交代で設けるなどして，お互いにとって実り多い時を過ごせるよう配慮しましょう。

　大事なのは，まちがいのない英語を完璧に話すことではありません。とにかく英語を使って自分の意思を相手に伝え，相手の伝えたい内容を理解することを目指しましょう。

▶留学生
英語で話をする相手が，アメリカ，イギリスやオーストラリアなどから来た学生でなくてはならないということはない。コミュニケーションのツールとして英語をとらえるのであれば，アメリカ語やイギリス語にこだわる必要はないからだ。英語が母語でなくても，平均的日本人学生よりもずっと流暢な英語を話す留学生はたくさんいるし，語彙・理解力が同じくらいの人であれば，むしろ話はしやすくなるだろう。

3 話す内容を持っているか

さて，英語で話す相手が見つかったとして，一体何に「ついて」話しますか。お互いの家族のこと，自分が大学でしている勉強，最近見た映画，好きなアーティストや作家，将来の夢，そして…？

もちろんトピックは何でもいいのですが，話す内容をどれだけ自分が蓄えているか，というのは案外重要なポイントです。日頃，日本語のニュースにさえ関心を持っていないとしたら，留学生から日本の政治情勢や社会問題について聞かれても何も答えられないかもしれませんね。そうなると，これは語学力以前の問題といえます。

◯ 自分の社会に関心を持つことから

わざわざ英語でコミュニケーションをするということは，文化や社会的背景を異にする人たちと向き合い，意見を交換するということです。ですから，自分が生きている社会をはじめ，他のさまざまな社会で起きている事象に関心を持ち，自分なりの意見を持つということが一番の基本となります。語学力はむしろ後からついてくると言ってもいいでしょう。

4 リスニング・スピーキングの上達法

◯ 「中身のある」スピーチを繰り返し聞く

それでもネイティヴ・スピーカーの話す英語を聞き取れるようになるまでには，かなりの時間がかかります。耳をならすためには，ただ会話の機会を持つだけでは不十分かもしれません。

私がおすすめするのは，何か特定の主題に関するスピーチやインタビューなどを繰り返し聞くことです。その場合，テキストもついたものを選ぶことが大事です。

◯ 話すときは柔軟な対応を

話すときには，その場で頭に浮かんだ内容に相当する英語がすぐに出てこなくても，まずは焦らないことです。ある単語が思い浮かばなければ，似たような意味の別の単語に置きかえたり，違う表現を使ったりして，1つの言い方にこだわらず，とりあえず言いたいことに近い内容が相手に伝わればいい，という気持ちで話してみましょう。

また，相手が使った言い回しやあいづちの打ち方などを聞いて，「こんな言い方もできるのか」と思ったら，頭の隅にメモして，なるべく早い機会に自分も使ってみましょう。自分が興味のあるトピックに関連した英文（時事問題であれば英字紙，音楽や映画であれば専門誌，インターネット上の記事など）を読んで，使えそうな言葉や表現をチェックしたら，それもとにかく自分の口から出してみることです。

（中谷文美）

▷まず何度かスピーチやインタビューを聞いたあと，テキストをていねいに読んで，わからない単語を調べ，内容をしっかり頭に入れる。そのあと再び，録音を何度も聞き直すことで，次第に1つ1つの単語が聞き分けられ，同時に会話の流れがつかめるようになる。
TED Talks (https://www.ted.com/talks）では多彩な話題について学べるばかりでなく，トランスクリプト（書きおこし）も読むことができる。

Ⅴ　より深い学びのための道具

4　文献を使いこなす

1　文献とは

「文献」とは，研究の参考資料となるような書物・文書のことです。文献には多くの種類があり，そして，その使いみちもたくさんあります。文献は，その学問分野について初めて学ぼうとする大学1年生にとっても，また，研究一筋30年のベテラン研究者にとっても，大変役に立つものなのです。文献のさまざまな使い方を知り，上手に使いこなすことによって，学びのレベルを一歩ずつ高めていきましょう。

2　入門編：「知識」を得るために使う

「○○学ってどんな学問だろう」，「授業でならった○○理論のことをもっと詳しく知りたい」，「先生が使った○○という専門用語の意味がわからない」……。こうした疑問にぶつかったときは，概説書（入門書）や専門用語辞典を開くことで，その答えを得ることができます。

○概説書（入門書）

概説書とは，ある学問分野の内容を体系的・網羅的にまとめたテキストのことです。また，多くの場合，たとえば「社会心理学」「認知言語学への招待」「文化人類学入門」など，学問分野そのものが書名になっています。

概説書は，その学問分野が全体としてどういうテーマを扱っているのかを知る上で，とても便利です。上手に「知識」を補うことによって，大学の講義がわかりやすくなります。また，講義を聴いていて興味を持ったことについて，さらに詳しく知ることもできます。その反面，多くのトピックを広く浅く扱っているので，どうしても，最先端の研究紹介というより，古典的な研究の解説が多くなりがちです。たいていの場合，ひとつの学問分野から何冊もの概説書が出ているので，教員にお勧めの本を尋ねたり，図書館や書店で複数の種類を実際に手にとってみたりして，できるだけ良書を探すようにするとよいでしょう。

○専門用語辞典

それぞれの学問分野には，特有の専門用語や概念があり，初学者には理解しづらいものですが，こうした学術的な用語は，普通の辞書には載っていません。そういうときには，専門用語辞典が役に立ちます。特に，英語の文献を読む機

▷概説書の例

▷専門用語辞典の例

会の多い人は，必ず，巻末に英語索引が載っているものを選びましょう。

③ 初級編：研究のお手本にするために使う

演習や実習の授業に参加するようになると，やがて，自分で何かのテーマを選んで研究をしたり，レポートを書いたりすることが求められます。「どんな研究テーマを選べばよいのだろう」，「どのように研究を進めたらいいのだろう」，「よい研究ってどんなものだろう」などなど，新たな悩みや疑問がわいてくるでしょう。そんなときには，自分が興味を持てそうな領域の，専門書や研究論文，学会発表の予稿集を手にとってみましょう。その領域における，さまざまな「先行研究」を知ることができます。

先行研究とは，特定の研究テーマに関して既に行われた過去の研究のことです。新しい研究は常に，この先行研究の流れを踏まえた上で，計画され，行われる必要があります。先行研究は，自分の研究を始めたばかりのみなさんにとって，何よりのお手本になるでしょう。

○ 専門書

専門書とは，ある学問分野の中の，特定の領域だけに焦点をあて，多くの研究成果を，より詳しく，より専門的に記した書籍のことです。テーマを絞った概説書（たとえば，「社会心理学」の中の「集団」の領域だけに関する，より詳しいテキスト）のようなものから，研究者が自らの研究の集大成としてまとめあげた大きな論文のようなものまで，いろいろな種類があります。また，種類に応じて，対象とされる読者層も多少異なっています。

専門書を読むことによって，特定のトピックに関して，実際にこれまでどんな研究テーマが立てられ，どんな方法で研究が行われてきたかを，体系的に知ることができます。場合によっては，著者自身の研究に対する考え方（研究理念）を感じとることもできるでしょう。よい専門書に出会うことは，みなさんが学問の面白さを知る，ひとつのきっかけになるかもしれません。

○ 研究論文

研究論文には，大きく分けて「原著論文」と「総説（展望）論文」とがあり，主として，定期的に刊行される，それぞれの学問分野の学術雑誌に掲載されます。

原著論文とは，ひとつの研究テーマに関して実際に行われた，新しい研究の成果報告書です。どのような方法・手続きで研究が行われたのか，その結果，何がわかったのかが，具体的かつ詳細に示されています。未公刊の研究成果を扱っていることが条件なので，そこで報告されている内容は，発表時点では最新といえます。一方，総説（展望）論文は，特定のテーマについて，これまでの日本国内および世界における研究状況・その主な成果・問題点などを，独自の視点で再吟味し，今後の展望を述べている論文のことです。

▷専門書の例

▷研究論文の種類
原著論文，総説論文以外にも，学術雑誌には時折，「資料論文」「研究ノート」「レター」などと呼ばれる，短い論文が載ることがある。既に公刊された研究成果に対する追加や，少数の事例についての報告，新しい発見についての第一報などがこれに当たる。

▷査読制度
一流の国際誌になると、リジェクト率（論文が不採択になる率）もかなり高い。

▷学会発表予稿集の例

▷学会の発表大会
多くの場合、各地の大学や会議場を会場として開催される。口頭発表やポスター発表、シンポジウムなどがあり、学生も一定の参加費を払えば自由に発表を聴くことができる。

▷たとえば日本社会心理学会の場合、1980年度以降、直近大会に至るまでの毎回の年次大会について、発表論文集データベースを公開している。

▷中根千枝　1967　タテ社会の人間関係　講談社現代新書。日本の社会構造を独自の視点で分析した、あまりにも有名な書。

　一流の学術雑誌には「**査読制度**」があります。これは、投稿された論文の内容を事前に審査し、一定の水準に達したもののみを掲載する仕組みのことです。こうした制度のため、一般には、研究論文はさまざまな文献の中で、最も信頼性が高いもののひとつと考えられています。

◯ 学会発表予稿集（論文集）

　学会発表の予稿集とは、「学会」の発表大会で報告された内容をまとめた、報告書のことです。それぞれの学問分野には、研究者が情報を発信したり交換したりする場としての学会があり、年1回・隔年に1回など、定期的に**発表大会**を行っています。学会で発表される内容は、研究論文になる以前の、より新しい研究の成果です。

　多くの学会が予稿集を発行しており、これらは大学の図書館などにも置いてありますので、文献として利用することができます。また、近年ではその全文をデータベース化してウェブ上で公開している学会も増えてきています。

④ 中級編：自分のいいたいことの「論拠」として使う

　レポートでは、自分の主張したいことを明確に書くことが大切ですが、その主張に「論拠」がないと、ひとりよがりな印象を読み手に与えてしまいます。読み手を納得させるための材料として、資料や証拠が必要です。文献を調べることによって、それらの材料を得ることができます。

　たとえば、「スマートフォンの普及率は、最近とても高くなってきた」とだけ書くのと、「総務省の平成29年度版情報通信白書（2017）によると、スマートフォンの世帯保有率は2015年以来、70％を上回っている」と書くのとでは、同じ記述でも、その重みはまったく違います。専門書や研究論文はもちろんのこと、新聞や商業誌に掲載される記事や、インターネット上で公開されている文書も、文献として利用できます。さまざまな文献から適切なデータを探し出し、それを示すことによって、レポートの説得力はアップします。

　また、データだけでなく、文献から、自分の主張をサポートしてくれるような、理論的な枠組みを見つけることも大切です。たとえば、「日本社会は、先輩・後輩関係が重視される」という主張を展開したいとしましょう。専門書から得られた知見を引用し、「文化人類学者の中根（1967）によれば、日本は親子関係や上下関係といった人間関係を重視する、"タテ社会"である、とされる」という一文を加えると、その主張に、ひとつの理論的な裏づけが加わります。

⑤ 上級編：乗り越えるために使う

　文献に書かれていることを、すべて信じ、頼るのが学問ではありません。学問は常に現在進行形で、日々、新しい発見がなされたり、新しい主張が展開さ

れたりしています。つまり，過去の研究で示されている事柄の中にも，限界があったり，別の考え方ができる部分があったりするのです。

　学ぶみなさんに最終的に求められるのは，よい意味での批判精神を持って文献を読みこなす力です。文献を読むことを通じて，ある研究テーマに関してまだ明らかになっていないことは何か，議論の余地が残されている部分はどこかを考え，新たな問いを見つけ出しましょう。「オリジナルな研究」は，過去の文献に記された知見を乗り越え，新しい問いに挑戦することから生まれるのです。

6　番外編：どんな「文献」より新しい情報源は……

　最新の研究論文や学会発表といえども，それらはいずれも，"既に行われてしまった"研究の成果なので，今現在，その研究者が何に関心を持っているのか，何をしようとしているのかはわかりません。その情報は，文献ではなく，その研究者の頭の中にしかないのです。つまり，本当に最新の情報は，研究者に直接聞くことによってはじめて得られます。大学生のみなさんにとって，最も身近なところにいる研究者とは，大学の教員です。自分が関心のあるトピックに詳しい先生を見つけたら，積極的にそのオフィスを訪ねましょう。

［課題］
　自分が専攻している分野，または，最も関心を持っている分野に関して，どのような文献があるかを調べ，書名・著者名・出版社名・発行年などの情報を書き留めておきましょう。また，それらの文献をどこで手に入れることができるか，具体的に調べてみましょう（例：大学の図書館にあるか否か，など）

（村本由紀子）

▷文献の入手のしかたについては，次のページの V-5 「文献の探し方」を参照のこと。

	書　名	著者名・編者名	出版社・発行学会名	発行年
概説書				
専門用語辞典				
専門書				
研究論文が掲載された学術雑誌				

V　より深い学びのための道具

文献の探し方

1　文献を探すということ

「文献を探す」ということには、2つの意味があります。1つは、読むべき文献がはっきりしている場合に、それがどこにあるのかを探すこと。もう1つは、何を読んだらいいかわからない場合に、適切な文献を探すことです。前者の場合の探し方は簡単で、図書館で所蔵の有無を確認したり、書店で注文したりすれば手に入ります。問題は後者の場合です。授業で課されたレポートを書くために、あるいは、自分の研究計画を立てるために、特定のテーマに関する文献を探したい。この場合、どのようにして、適切な文献を見つけたらよいのでしょうか。

2　方法1：書架を眺める

図書館や書店の書架の前に立って、実際に文献を手に取り、探していくという、最も単純な方法です。図書館はもちろん、書店でも、最近はさまざまな学問分野の概説書や専門書を扱うところが多いので、比較的簡単に、多くの本を眺めることができるでしょう。

ただし、この方法で、研究論文を探すことは困難です。論文が掲載されている学術雑誌は、書店には、まず置いてありません。また、図書館でも、雑誌の場合には、背表紙を見ても個々の論文の内容はまったくわからないので、一冊ずつ取り出して、目次を眺めていくしかありません。

3　方法2：1つの文献の「引用文献リスト」を利用する

自分が知りたいこと、調べたいことについて、1冊でも関連する文献が見つかれば、その文献を頼りに、"イモヅル式"に、別の文献を探していくことができます。概説書・専門書などの学術的な書籍や、研究論文には、必ず「**引用文献リスト**」がついています。ですから、最初に手にした文献の中に、そのテーマに関わる他の文献について紹介する記述が見つかれば、タイトルや著者名などの必要情報を、引用文献リストから簡単に入手することができます。

ただし、当然ながら、その文献が発表された時期よりも新しい情報は、リストには載っていません。もし、調べたいテーマについて、ごく最近に書かれた**総説（展望）論文**が1本でもあれば、その引用文献リストを使って、かなり効

▶書籍の注文
書店などで書籍を注文するとき、書名や著者名だけでなく、ISBNという番号がわかっていると確実。特に、洋書を海外から取り寄せるときは、たとえば同じ本でも、ハードカバー版とペーパーバック版とでは、価格もかなり違う。両者には異なるISBNがついているので、調べてから注文すれば間違いがない。

▶引用文献リスト
その書籍や論文の中で引用されている、別の文献の一覧。著者名、タイトル、発行年、出版社など、その文献を入手するために必要な情報が網羅されている。

▶総説（展望）論文
特定のテーマについて、これまでの日本国内および世界における研究状況・その主な成果・問題点などを、独自の視点で再吟味し、今後の展望を述べている論文のこと。V-4「文献を使いこなす」を参照のこと。

率よく，適切な文献を集めることができるでしょう。

❹ 方法3：データベースで「キーワード検索」を行う

　情報を収集する手段として，今，最も便利なものは，インターネットです。インターネット上には，誰でもアクセスできる，文献検索のサービスがあります。調べたい事柄のキーワードを入力すれば，簡単に，それに関連する文献がリストアップされます。たとえば，「アメリカ」「19世紀」「教育」などのように，キーワードを複数入力することによって，文献を絞り込むことも可能です。また，学術的な図書や雑誌に限らず，より広く，関連のある情報を手に入れたい，という場合には，Googleをはじめとする代表的な検索エンジンを使うのもよいでしょう。

　関心のある学会や研究者のウェブサイトを探して，アクセスしてみるのもお勧めです。最近は，研究論文そのものをネット上で公開している学会や研究者も少なくありません。加えて，学会の年次大会やシンポジウムの予定，また，同じ研究者が書いた別の著書や論文の一覧など，多くの情報を効率よく得ることができます。

　大学の図書館にも，オンラインの蔵書検索システムがあり，その図書館にある書籍や雑誌がすべて登録されています。多くの場合，この検索システムは，図書館のウェブサイトで公開されていますので，探している文献が自分の大学の図書館で見つからなかった場合には，インターネットで他大学の蔵書検索システムにアクセスし，検索することもできます。

　さらに，図書館によっては，蔵書情報以外のさまざまな電子情報が利用できるところもあります。たとえば，世界規模の文献データベースや，新聞記事データベースなどにアクセスして，最新の電子情報を調べたり，論文や記事をダウンロードしたりすることができる場合もあります。

❺ 方法4：周囲の人々と情報交換をする

　ラクをして文献にたどり着く手段の最たるものは，「先生に聞く」ということでしょうが，これ以外にも，同様の研究関心を持っている先輩に尋ねる，過去の卒業論文や修士論文の中から自分と似た研究テーマのものを探して，その引用文献リストを参考にする，などの方法がありそうです。大学という場は，ひとりきりで研究を行うところではなく，多くの仲間や先輩たちと情報交換をし合いながら学んでいくところですから，良い意味で，周囲の"人的資源"をお互いに利用しあうのは，望ましいことです。そのためには普段から，周りの先輩や友人たちと，学問・研究に関する話を気軽に交わすようにすることです。どの先輩がどんな研究に関心を持っているのか知らなければ，いざというとき，誰に聞けばよいのかもわからないからです。

（村本由紀子）

▷インターネットの文献検索システム
国立情報学研究所（NII）が提供している学術図書・雑誌の検索システム，CiNiiやWebcat Plusもその一例。URLは前者がhttp://ci.nii.ac.jp/，後者がhttp://webcat.nii.ac.jp/（2018年4月現在）。

▷Googleの場合，通常のウェブ検索に加えて，書籍の全文検索サービスであるGoogleブックス，学術論文検索サービスであるGoogle Scholarなど，利用者のニーズに応じた豊富な検索サービスを提供している。

▷インターネットで情報を検索する際の注意
インターネット上で見つかる情報は，すべてが信頼性の高いものとは限らないため，上手な取捨選択が必要であるのはいうまでもない。

Ⅴ　より深い学びのための道具

研究論文の読み方

研究論文を読むにあたって

　多くのみなさんにとって，はじめて触れる文献は，入門授業でテキストに指定された概説書かもしれません。しかし，上級生になり，学びの専門性が高まるにつれて，研究論文を読む機会が増えてきます。概説書などに比べると，文体が硬かったり，わかりやすい具体例がどこにもなかったりして，はじめは読みにくいかもしれません。

　けれども，研究論文というのは，その構成や書き方に決まったルールがあるので，それに慣れれば，実はかなり，「斜め読み」や「走り読み」がしやすいものなのです。コツをつかんで，上手に読みこなしましょう。

② 論文を手に取ったら：まずは，論文の"構成"を確認しよう

　研究論文には一定の様式があり，多くの論文がそれを守って書かれています。大まかには，問題（序論）・本論・結論・引用文献，といったセクションから構成されます。実験や調査の成果を報告する論文の場合には，本論はさらに，方法・結果・考察などのセクションに分かれます。

▶論文の構成
それぞれのセクションの詳しい内容や意味については，Ⅲ-4「レポートの書き方：実践編」を参照のこと。

　論文を手にしたら，まずは，見出しだけを一通り眺めて，その構成を確認しましょう。学問分野や内容によって，見出しの名称が異なっていたり，結果と考察がひとつにまとまっていたりしますが，基本構成はたいてい同じです。自分の読む論文の構成を知ってから，読み始めましょう。

③ 本文を読む前に：「要約（Abstract）」に目を通そう

　専門的な内容の研究論文を，いきなり，予備知識なしに読むのはつらいものです。それが英語で書かれていたりすればなおのこと，なかなか頭には入らないでしょう。

　まずは，要約を読んでみましょう。要約の中には，その論文がどういう問題を扱ったものか，どんな方法で研究したのか，主な結果と結論は何かなど，その論文のエッセンスが凝縮されています。あらすじをつかんでから本文を読み始めれば，理解はずっと早くなります。また，要約を読んで，「どうも自分が求めていた内容と違う」と判断できれば，無駄に長い本文を読まずに済みます。

④ いよいよ本文：セクションごとに区切って読んでみよう

○ 各セクションに"書かれているはず"の事項を，あらかじめ頭に置く

論文を構成するそれぞれのセクションには，そこに書かれているべき事柄が決まっていて，たいていの論文は，それらを含んでいます。たとえば，問題のセクションなら，その論文の研究テーマ，先行研究の流れ，研究の目的，仮説など。また，方法のセクションなら，研究対象，研究の実施方法，実施時期，手続きなどです。このような，どんな論文にも"書かれているはず"の事項をあらかじめ頭に置いて，それらを探すつもりで読んでみましょう。

○ セクションごとにポイントをおさえ，余白やノートにメモをとる

"書かれているはず"の事項についての記述を見つけたら，下線を引いたり，論文の余白にメモをとったりしておきましょう。これだけで，セクションごとの要約を，簡単に作ることができます。次のセクションを読むのが翌日以降になっても，メモを見ればポイントを思い出すことができます。

セクション単位でも自分には分量が多すぎて，一度に読めない，と感じられる場合には，小見出し単位や，パラグラフ単位にしても構いません。自分に合った単位で，少しずつ読み進めましょう。

○ 各セクションは，順を追って読まなくてもよい

研究論文は，必ずしも，はじめから終わりまで順を追って読まなければならない，というものではありません。まずは「方法」を読んで，どういう研究のやり方をしているのかを先に見ておく，とか，「結論」を最初に読んで，要するに何を言いたい論文かを知っておく，といった読み方をしてもよいのです。その都度，セクションごとにメモをとっておけば，後で全体を通して理解するのも楽です。この意味で，研究論文は，小説やエッセイとは，根本的に異なるタイプの文章なのです。

⑤ 読み終えたら：要約やコメントを記録しておこう

研究論文を読み終えたら，自分なりの簡単な要約やコメント，キーワードなどを記して，著者名やタイトルなどの基本情報とともに，自分なりの**文献データベース**として記録に残しておくことをお勧めします。

学年が上がり，自分の研究テーマに関する「**先行研究**」を探すようになれば，手にする研究論文の数は，自然と増えてきます。やがて，卒業論文を書くときには，先行研究の流れをまとめるために，それらの内容を，もう一度振り返る必要が出てきます。一度読んだ研究論文の情報を，自分なりに記録に残しておくことは，その"振り返り"の作業を効率的に行うための，助けになることでしょう。

（村本由紀子）

▷各セクションに"書かれているはず"の事項
詳細については，第Ⅲ部「レポートを書く技術」を参照のこと。

▷英語論文を読む機会が多い場合
"お決まりの単語"を覚えておくとよい。たとえば，実験に関わる論文なら，仮説は hypothesis，実験参加者は participant(s)，手続きは procedure，などと決まっている。これらの単語に慣れてくれば，英語の論文に"書かれているはず"の事項を見つけるのも，ぐっと早くなるはずである。

▷読む順序
結果のグラフなどが載っている場合には，まずグラフを眺めてイメージをつかんでから，本文でそれについての説明を読む，というのもよい。

▷文献データベース
記録するべき項目は，(1)著者名；(2)タイトル；(3)文献の種別（書籍か，論文かなど）；(4)発行年；(5)出版社名（論文の場合には掲載雑誌名と掲載ページ数）；(6)キーワード；(7)要約・自分のコメント，など。できれば，パソコンのデータベースソフトや表計算ソフトなどを使って作っておこう。タイトル順・著者名順の並べ替えや，キーワード検索が簡単にできるので，便利である。

▷先行研究
特定の研究テーマに関して既に行われた過去の研究。Ⅴ-4「文献を使いこなす」を参照のこと。

V より深い学びのための道具

 統計解析ソフトを使いこなす

1 変数の定義と入力

○統計解析ソフトの特徴

データをそのまま図表で示し，結果をまとめる場合もありますが，統計的な手法を用いて調査対象や調査項目等を比較する際に，統計的に意味のあるほどの違いがあるのかどうか，また，相互に関連があるといえるのかどうかといったことを検討することがあります。そのような場合に，人文・社会科学系の分野においてよく使用されるのが，統計解析ソフトです。このようなソフトは，プログラムを一から組む必要がなく，数式やプログラム言語がわからない人であっても，そのようなことをほとんど気にせずに使うことができるという特徴があります。また，使用方法も表計算ソフトとそれほど変わらず，分析についてもメニューから用語を選んでいけば出力結果が表示されるというようになっています。したがって，「数学は苦手だ」という人や「プログラムなんて組んだことがない」という人であっても，簡単に扱うことができます。

ここでは，使いやすさという点から SPSS という統計解析ソフトの使用方法について概略を述べることにします。ソフトのバージョンによっても若干の違いがありますが，ここでは Ver. 23.0 を例として話を進めます。

○データの例

まず，表8の身長と体重という2つの変数を例として考えることにします。この表を模擬データとして用いて，変数の定義と変数の入力についての説明を行います。

表8 ある15人の身重と体重（模擬データ）

身長(cm)	168.5	172.3	155.9	186.4	173.1	180.0	169.7	152.2	191.6	178.8	163.5	158.7	169.2	175.3	171.9
体重(kg)	65.3	66.0	53.1	75.5	68.2	73.9	63.4	49.6	82.8	76.7	69.1	63.4	55.6	80.2	63.5

○基本的な変数の定義

まず，ソフトを起動します。すると，表計算ソフトの画面に似たデータ入力画面［データビュー］が表示されます。この画面でデータの入力を行うのですが，その前に画面左下にあるタグをクリックして［変数ビュー］に画面を切り替えます。ここで，変数の定義（変数の名前：全角21文字もしくは半角64文字まで，変数の型：数値や文字型など，幅：桁数，小数桁数：小数点以下の桁数などの

定義）を行います。表のデータの特徴から，変数の定義を以下の図22のように行ったとします。なお，変数の定義においては，名前はキーボードからの入力で，型，幅，小数桁数は各セルをクリックすると選択画面，もしくは調節のための矢印が表示されるので，それにしたがって操作を行うようになっています。**ラベル**を除いた他の項目は，自動的に表示されますので，変更の必要のある場合にのみ，セルをクリックして調節をして下さい。

	名前	型	幅	小数桁数	ラベル	値	欠損値	列	配置	尺度
1	身長	数値	4	1		なし	なし	8	右	スケール
2	体重	数値	3	1		なし	なし	8	右	スケール

図22　模擬データに基づいた変数の定義

▷ラベル
ここでは，出力結果において印字したい内容を書き込むことができる。ここの例のように，身長や体重はそのまま表示されても十分に内容を理解できる。しかし，たとえば，「2018年度の身長」という場合には，変数名としては長すぎて冗長になってしまうので，ラベルにそのように入力しておけば，出力結果ではそのように印字されるようになる。

変数の入力

変数の定義が終わったら，今度は再び画面左下にあるタグをクリックしてデータ入力画面［データビュー］に戻り，データの入力を行います。入力に関しては，半角英数の入力モードで数値を入力して下さい。図23は，模擬データに基づいてデータ入力を行った画面を示しています。ここでも必ず，入力ミスがないかどうかを確認して下さい。そこまでができて，分析の準備が完了です。

	身長	体重
1	168.5	65.3
2	172.3	66.0
3	155.9	53.1
4	186.4	75.5
5	173.1	68.2
6	180.0	73.9
7	169.7	63.4
8	152.2	49.6
9	191.6	82.8
10	178.8	76.7
11	163.5	69.1
12	158.7	63.4
13	169.2	55.6
14	175.3	80.2
15	171.9	73.5

図23　模擬データに基づいたデータ入力

2 分析の方法

分析手法の選択

ここまでできたら，今度は分析です。分析は図24にあるように，メニューから順次，必要事項を選択していきます。ここでは，**2つの変数間の関連性**を検

▷2つの変数間の関連性
⇒ III-9 の散布図の説明を参照。

討するために相関係数という統計量を求めることにします。

　まず，メニューから〈分析〉を選択し，次に［相関］のところにマウスポインタを移動します。すると2変量という表示がありますので，そこを選択します。

図24　分析の進め方

●オプションの選択と分析の実行

　続いて，図25のようなダイアログボックスが表示されますので，左側のボックスにある変数から身長と体重をクリックして，中央にある矢印のボタンをクリックすると右側のボックスに移動します。右側のボックスに移動した変数が分析の対象となります。また，オプションというボタンをクリックして，平均値と標準偏差というところにチェックを入れるとこれらの統計量も計算してくれます。その場合は，続行というボタンをクリックすると元に戻れます（図26）。このように，算出したい統計量などについてのひととおりの手続きを行った後，OKボタンをクリックすれば必要な結果が出力されるというわけです。

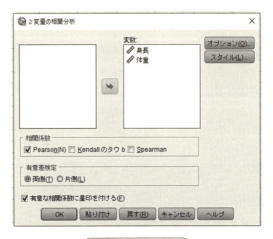

図25　変数の選択

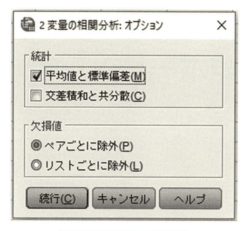

図26 オプションの設定

○ 統計解析ソフトの注意事項

　はじめにも述べましたが，統計解析ソフトは簡単な操作だけでさまざまな統計量を算出してくれる大変便利なソフトです。しかしながら，その便利さゆえに，使用にあたっては注意しなければならないこともあります。たとえば，手順書があれば，何らかの統計量を算出してくれるため，いろいろな分析を安易に行うことができてしまいます。本来は，分析する以前にデータとして設定された変数には，何らかの明らかにしたい目的があったはずです。その目的を見失ってしまい，可能な分析をいろいろと実施してしまうと，結果をまとめるにあたって，どうしたらよいかわからなくなってしまうことになりかねません。ここでは，身長と体重という例を取り上げていますが，この両者を比較して，どちらが大きいか（または小さいか）ということを分析したとしても，それは何の意味もないことです。

　このように，目的にあった統計量を求め，さらにそれを正しく解釈するということが最後に要求されてくることを忘れないようにして下さい。

［課題］
　統計解析ソフトが利用できる人は，模擬データを用いて，実際にデータの定義・入力，分析を行ってみましょう。
　また，次章とも関連することですが，ラベルに何も入力しなかった場合と，ラベルに変数の説明として適切な単語を入力した場合とでは，出力結果の表示にどのような違いが出てくるかについても確認してみましょう。
　さらに，いろいろな変数名を入力して，ラベルの使い方を各自で検討し，変数名とラベルの有効な使い方をマスターしましょう。

（戸梶亜紀彦）

V より深い学びのための道具

  結果出力からレポートへ

 出力結果

○ 出力例の説明

以上の手順によって出力された結果は，図27のように表示されます。

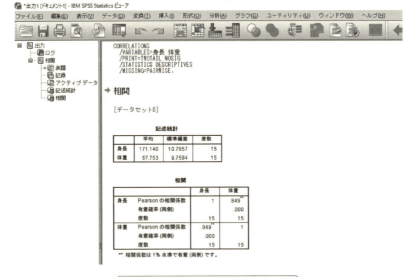

図27 SPSSによる出力結果の例

　ここで，出力結果について簡単に説明をします。まず，記述統計量ですが，2つの変数それぞれについて平均と標準偏差，そして度数が示されています。最後の度数というのは標本数（データの数）です。平均は，みなさんご存知だと思いますが，これは代表値と呼ばれる統計量の1つで，まさに**分布**を代表する値です。何を示しているのかというと，データの分布における重心です。すなわち，この位置でデータ全体の釣合がとれるわけです。また，標準偏差とは，データの散らばり具合を示す値です。この値が大きければ，データは広い範囲にばらついており，小さければ平均値近辺に集中していることを示します。

○ 相関係数とは

　次に，相関係数について説明をします。まず，Pearson（ピアソン）の相関係数とありますが，Pearsonとは人の名前です。この相関係数は，身長や体重といった厳密に測定可能なデータにおいて求められるもので，相関係数の中で最もよく用いられるものです。相関係数は，＋1～－1までの間の値をとりま

▷分布
分布という場合には，通常は左右対称の釣り鐘型をした正規分布を指している。多くの場合，すべてのサンプルを抽出すると，その分布は限りなく正規分布に近づくということが統計学では仮定されているためである。

す。相関係数の値が＋1に近いほど正の関係（一方が大きくなれば，他方も大きくなる），－1に近いほど負の関係（一方が大きくなれば，他方は小さくなる）ということを示します。ここでは，相関係数は.849ということでかなり1に近い値であることから，身長が高い人ほど体重が重い（体重が重い人ほど身長が高い）という傾向が強いことを示しています。なお，身長と身長，体重と体重との相関係数は，同じ変数同士なので当然ですが1になります。

○有意確率とは

その次に出力されている有意確率（両側）というのは，結果に対して統計的に意味があるという判断を下した際に，その結論が誤っている確率（危険率）を表しています。したがって，この確率は低いほど，誤った結論である可能性が低くなるのです。この例では，.000となっていますが，これは0ということを表しているのではなく，.001よりも小さいという意味です。つまり，かなりの統計的な精度をもって先程述べた身長と体重に関する関連性を結論として述べることができることを示しています。

この確率の考え方は，厳密にいえば非常に難しいのですが，0.05未満，すなわち5％未満の危険率である場合に統計的に意味があると判断している分野が多いようです。また，両側というのは，普通は相関係数を求める場合にはそうなのだと思っておいて下さい。詳しいことは，**統計関連の書籍**を参照して下さい。両側検定（確率）のことを指しています。

度数については，先程の記述統計量の場合と同様にデータ数を示しています。

2 結果の利用方法

○出力結果にある表の直接利用

さて，出力結果の示している意味が理解できたあとは，結果をレポートに載せなければなりません。出力結果を見ると，ほとんど表ができあがっています。これを利用しない手はありません。どのように活用すればよいのかについて説明をします。基本的には，使用したい表をクリックして選択状態にすると周囲が線で囲われます。その状態で，マウスを右クリックし，［コピー］を選択します。そして，ワープロソフトにおいて，カーソルを表の貼り付けたい位置へ移動し，**一太郎**であればメニューの〈編集〉→［形式を選択して貼り付け］→［形式を選択］→データの形式において［ピクチャ］を選択します。**Word**であればメニューの〈編集〉→［形式を選択して貼り付け］→［図］を選択します。そうすれば，そのまま表として貼り付けることができます（図28参照）。

しかしながら，それぞれピクチャや図として，すなわち画像として貼り付けられていますので，この表の扱いは必要な編集がすべて終わった状態であることが前提となります。すなわち，完成した表になっていないと修正することができないということです。そこで，ワープロソフトに貼り付ける前に，出力結

▷統計関連の書籍
統計関連の書籍は，いろいろ出版されているが，わかりやすさは人それぞれなので，書店で各自が手にとって選ぶことをお勧めする。ちなみに，以下の本は初心者向けに書かれているもので，比較的わかりやすく書かれていると思う。吉田寿夫　1998　本当にわかりやすいすごく大切なことが書いてあるごく初歩の統計の本　北大路書房。

▷一太郎
日本のジャストシステムという会社の作成したワープロソフト。日本語変換はATOKというソフトを用いている。

▷Word
マイクロソフト社の作成したワープロソフト。日本語変換はMS-IMEというソフトを用いている。

|図28 表題を書き換えた後の選択状態|　　　|図29 作業可能な状態の場合の周囲の線|

果の表に手を加えなければならないことが多々あります。そのような場合には，表をダブルクリックして，作業可能な状態にします（図29）。この作業可能な状態のときには，周囲の線種が変化しますので，図28と図29を見比べて確認して下さい。作業可能な状態にある場合には，手を加えたい部分をクリックすれば，書き込みはできますし，もちろん消去もできます。

○出力結果にある図の直接利用

出力結果に図が含まれている場合もあります。その図を直接利用したい場合には，表のときとまったく同様にして利用することができます。ただし，上述したように，それぞれピクチャや図として，画像になっていますので，これらの図の扱いは完成した図表になっていないと修正することができないということも忘れてはなりません。

○出力結果から図を作成する

SPSSの結果の画面において，そこからさらに図を作成することも可能です。たとえば，ここであげた例では，出力画面のメニューから〈グラフ〉→〈レガシーダイアログ〉→［散布図／ドット］という項目を選びます。すると，図30のようなダイアログボックスが表示されます。それから，図の中から［単純な散布］を選択して，定義のボタンをクリックし，次に表示されるダイアログボックス（図31）のY軸とX軸にそれぞれいずれかの変数を移動してOKボタンをクリックします。

そうすると，XYの二次元の散布図が作成されます（図32参照）。

図30 散布図のためのダイアログボックス

図31 散布図の軸を決める
ダイアログボックス

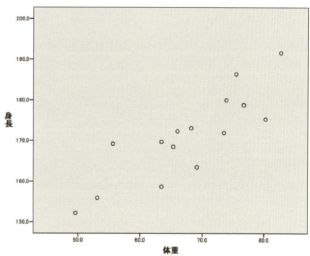

図32 SPSSを用いて作成された
身長と体重との散布

○図の利用について

上述したように，SPSSの結果から図の作成は可能なのですが，実際にはExcelほどには多くの機能はありません。したがって，詳細な図を作成しようとする場合には，統計解析の結果とは別に，Excelで作図することをお勧めします。その方が融通の利くことが多いからです。もちろん，上記のような概略的結果でよい場合には，SPSSの図でも十分に活用はできます。

[課題]

統計解析ソフトが利用できる人は，模擬データを用いて，結果の出力から文書への貼り付けまでの作業を実際にやってみましょう。

（戸梶亜紀彦）

V　より深い学びのための道具

エクセル操作(1)：データを入力する

1　表計算ソフト Excel の基本的な使い方

○ Excel の特徴

　一般に最も広く利用されているソフトは，ワープロソフトと表計算ソフトであると言えるでしょう。その中でも，図表なども含めて結果整理の作業をする際に，欠かすことのできないものの1つが表計算ソフトです。ここでは，その中でも利用者の最も多いExcelについて，その利用方法を簡単に述べることにします。

　まず，スタートボタンから選択するか，もしくはアイコンを選択するかしてExcelを起動して下さい。ソフトが起動すると，ワークシートと呼ばれるマス目状のシートが表示されます。この1つ1つのマス目をセルといいますが，ここに文字や数字などを入力していきます。シートは，行と列によってできており，行は数字で，列はアルファベットで示されています。したがって，A2，C5というように，この数字とアルファベットを利用することによって，シート内での場所の特定ができるわけです。このことは，とても便利なことですので覚えておいて下さい。

▶ 本書ではMicrosoft Excel 2013を用いて説明を行う。

○ Excel での入力方法

　次に，入力について説明をします。入力は，必要な入力モード（全角や半角，ひらがなや英数など）に切り替えて行って下さい。モードの切替は，Altキー＋半角／全角キーで切り替えるか，もしくは画面左下にあるタスクバーで切り替えができます。そのことを理解した上で，実際に入力をしてみましょう。いろいろと入力をしていくと，セルの中で右寄りに表示されたり，左寄りに表示されたりすることに気づくと思います。Excelの基本的な設定では，各セル内において，整数や小数といった数字は右寄せに，アルファベットや日本語といった文字は左寄せに表示されます（図33のA列）。しかしながら，表示位置については簡単に調節することができます。このとき，画面の上部にリボンと呼ばれる部分があります。この部分には一般的に利用頻度の高い機能がボタンとして用意されています。このうち，次のものを利用します。という形のボタンがあると思いますが，これらを選択することによって，左から順に「左揃え」「中央揃え」「右揃え」にすることができます。ちなみに，図33のB列はすべて中央揃え，C列の2，3行目は右揃え，4，5行目は左揃えにして

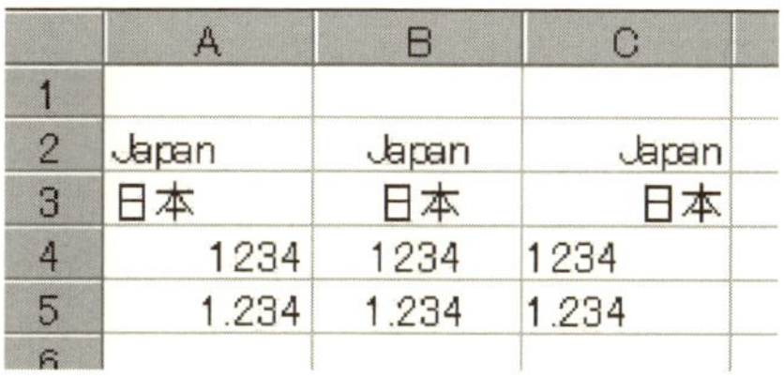

	A	B	C
1			
2	Japan	Japan	Japan
3	日本	日本	日本
4	1234	1234	1234
5	1.234	1.234	1.234

図33　文字と数字の入力例

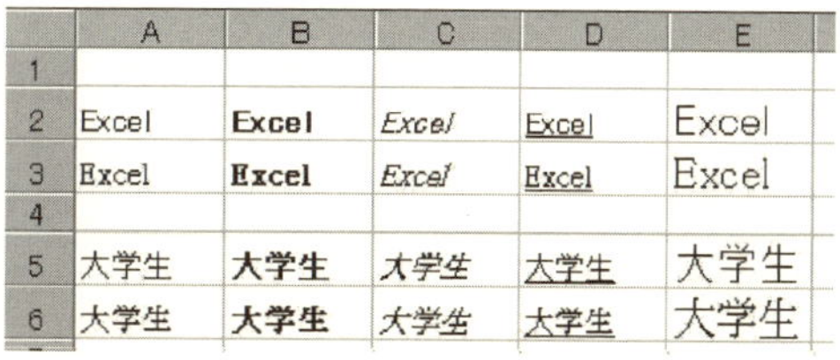

	A	B	C	D	E
1					
2	Excel	Excel	Excel	Excel	Excel
3	Excel	Excel	Excel	Excel	Excel
4					
5	大学生	大学生	大学生	大学生	大学生
6	大学生	大学生	大学生	大学生	大学生

図34　文字のさまざまな表示方法の例

います。

◯さまざまな文字表示

また，文字については，太字，斜体，アンダーライン付き，大きさ，フォン（字体）などを選択することができます。これらを上手く活用して，読みやすく見やすい結果を表示させることができます。図34は，Excel というアルファベットと大学生という日本語を上述したさまざまな表示方法を用いて示しています。A２とA５は通常の設定で入力した文字です。通常の設定では，字体はMS　Pゴシック，文字の大きさは11ポイントです。A３とA６は［MS Pゴシック▼］の矢印をクリックして字体をMS　P明朝に変えただけで，文字の大きさは11ポイントのままです。字体の違いがわかるかと思います。B列は［B］を用いて太字にしたもの，C列は［I］を用いて斜体にしたもの，D列は［U］を用いてアンダーラインを付けたもの，E列は［11▼］の矢印をクリックして16ポイントを選択したものです。このように，文字の表示の仕方には非常に多くのバリエーションがありますので，必要に応じて使い分けをして下さい。

◯さまざまな数字表現

次に，数字の表現の仕方について説明をします。数字も基本的には文字と同じようなバリエーションがあります。ここでは，それ以外の数字特有のことについて取り上げます。数字特有というのは，小数の表示，カンマ，単位付き表示（¥や$），%，日時などです。これらは，入力する段階では特に問題はなく，通常どおりに入力すればよいのですが，カンマや単位付き表示，%など，入力するたびに毎回のように記号も入力するのでは面倒です。そのため，表計算ソフトでは便利なツールが用意されています。一般的に利用頻度の高い機能は，上部のリボンに用意されていると述べましたが，これらもリボンに用意されています。カンマ表示をする際は［,］のボタン，単位付き表示（¥）はのボタン，%は小数で入力した上で［%］のボタンをそれぞれ範囲指定した後にクリックします。そうすると，範囲指定されたすべてに選択した機能が作用します。このように，数値のみを入力し，あとで必要な範囲を指定してボタンをクリックすれば，意図した表示に一括して変換できるのです。

② Excel を用いたデータ入力の具体例

○データ入力の考え方

　さて，ひととおりの入力方法と表示方法は，理解できたと思いますので，次に，具体的なデータ入力を行ってみましょう。ここでは，自分で素データ（何の加工もしていない生のデータ）を集めたという前提でお話を進めていきます。素データをそのまま図表にして，結果として示す場合もありますが，それは，かなりデータそのものが貴重であるか，滅多に収集できないデータである場合に限られるでしょう。多くの場合，沢山のデータを集約・加工して，その特徴を示したり，全体に占める割合を出したり，タイプごとに分類したりします。そのためにも，はじめの段階で処理・加工のしやすいようなデータ入力をしておく必要があります。

○データ入力の前に必要なこと

　次のような例を考えてみましょう。あなたは大学において新入生を対象にイベント企画を行う立場にあるとします。そこで，新入生を対象としたアンケート調査を実施ししました。調査は無記名で行い，質問内容は「あなたには彼氏または彼女がいますか」「他大学や他学部との合コンに参加したいですか」というもので，いずれも「1：はい」「2：いいえ」のいずれかを選択する形式で回答してもらいました。そのようにして調査が実施され，手元に回収されたアンケート用紙が集まりました。さて，この後どうすればよいでしょうか。まずはじめに，これらの回収されたアンケート用紙に番号を記入してデータの整理を行います。実は，入力が終わったあとで，入力ミスがないかどうかの確認作業を行います。面倒な作業ですが，せっかく得られたデータで，ミスがあっては調査結果を正しく知ることができません。このときに，アンケート用紙への番号の記入が生きてきます。すなわち，アンケート用紙の順番がめちゃくちゃになったとしても，番号が記入されているので，入力したデータとすぐに照合することができるわけです。

○実際の入力

　データ整理が終了したところ，137番まであったとします。つまり，137名分のデータが集まったことになるわけです。次に，これらのデータを表計算ソフト Excel に入力する必要があります。入力の形式は，セル幅の調整も含めておおよそ図35のようになるでしょう。このとき，このアンケート調査は無記名で行っていますので，回答者の部分には先に記入した番号を入力します。この番号は当然ですが，1番から137番までになることがわかっています。これを1から137まで随時入力していくのは，結構大変な作業です。そのようなときに，表計算ソフトではフィル機能という大変便利な方法が利用できます。この方法を利用するには，まず，1番が入るセルに1と入力します。そこに，セル

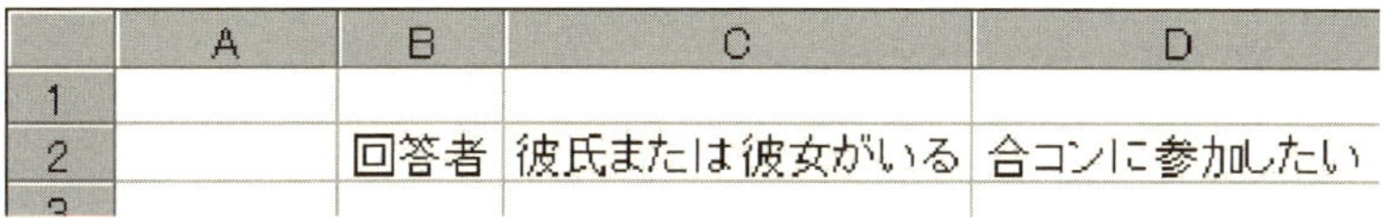

図35　データの入力形式

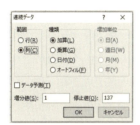

図36　フィル機能を用いた連続データの入力手順

図37　連続データの出力設定

ポインタをおいた状態で，［フィル］を選択し，［連続データの作成］をクリックします（図36参照）。すると，上のようなダイアログボックスが表示されますので，［範囲］において行方向か列方向なのかを選択し（本例では「列」），［種類］が「加算」，［増分値］が「1」であることを確認し，［停止値］を137と入力します（図37参照）。そして，ＯＫボタンをクリックします。すると，1から137までの連番が直ちに表示されます。

○ダミー変数の使用

また，「1：はい」「2：いいえ」という回答については，図にあるように数値で入力しておきます。この数値をダミー変数と呼びます。ダミーと呼ぶのは，数値そのものに特別な意味は無く，他の数値でもよいわけで，数値の違いに意味があるためです。なぜ，そのようにするのかというと，テン・キー（パソコンの右側にある0～9までの数値のキーの集まり）での数値入力が容易で素早くできることと，数値形式のデータにしておいた方が，処理・加工をする際にいろいろと便利な機能が使用できるからです。

［課題］

　　Excelを使って，さまざまなデータの入力と表示の調整を行ってみましょう。

（戸梶亜紀彦）

V　より深い学びのための道具

エクセル操作⑵：データを処理・加工する

 関数を用いたデータの処理・加工

◯データの処理・加工の必要性

データの入力がとりあえず終了し，入力ミスの確認までが終了しました。しかし，データを入力しただけでは，まだ何も結果に関して言及できない状態であることがわかります。そこで，この入力したデータを処理・加工する必要がでてきます。ここでは，表計算ソフトで簡単に行えるデータの処理・加工の方法について説明をしていきます。

まず，先程の例に戻ると，それぞれの質問に対して，「はい」「いいえ」と答えた回答者は，どのくらいいるのかについては調べる必要があるでしょう。そのためには，各質問に対して1と回答した人と2と回答した人の人数を数えることが求められます。その方法についてはいくつかありますが，ここでは関数を使った方法を紹介します。

◯人数を数える

はじめに，1の「はい」と回答した人の人数を出力することにします。まず，結果を出力したい場所のセルをクリックします。そのあとで，数式タブをクリ

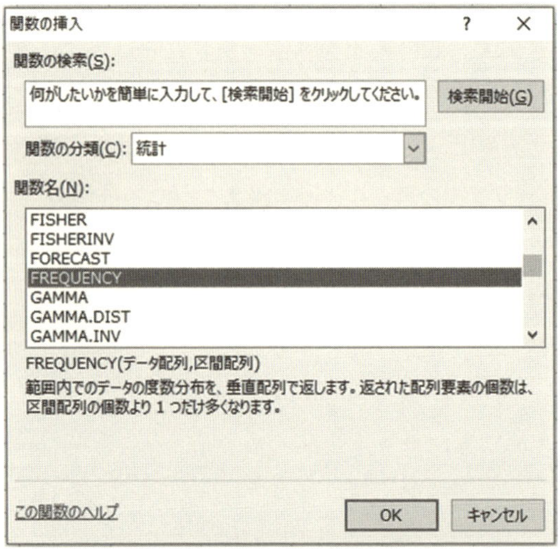

図38　関数選択のダイアログボックス

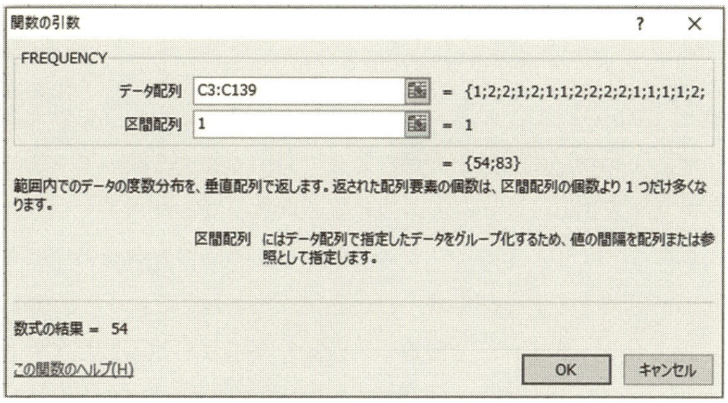

図39 関数 FREQUENCY の設定

ックし，[関数の挿入]ボタン fx をクリックし，ダイアログボックスが開いたら[関数の分類]において「統計」を選択します。次に，[関数名]においてFREQUENCYを選択します。関数名はAからZのアルファベット順に並んでいますので，関数を探す際の目安にして下さい。それから，OKボタンをクリックします（図38参照）。

すると，別のダイアログボックスが開きます。ここでは，[データ配列]において，データの範囲をセルの列と行の表示による番地によって指定します。具体的には，仮にデータがC3からC139まであった場合は，C3からC139までを範囲指定して下さい。さらに，[区間配列]において，1と入力します。

そこまで入力ができたら，OKボタンをクリックします。すると，1と回答した人数が54と表示されます（図39参照）。

● 回答が2通りの場合

FREQUENCYという関数は，度数（ある条件を満たす人数や個数など）を算出するときに使用します。ただし，この関数は**度数分布**とよばれるデータの分布を前提にしたものなので，上記と同じ手順で2の「いいえ」と回答した人数を算出しようとすると，137と表示されてしまいます。これは，この関数が2以下の度数（2までの**累積度数**）をカウントしてしまうためです。したがって，2と回答した人数を算出しようとする場合には，全体の人数から1と回答した人数を引き算して求めます。操作としては，たとえばセル番地E3に1と回答した人数が表示されており，E4に2と回答した人数を表示しようとしたとすると，半角英数字入力のモードに切り替えてから，E4のセル内に「＝137－E3」（ただし「」は除く）と入力します。表計算ソフトでは，セル番地を指定すると，そのセルに表示されている数値をそのまま式でも扱うことができます。その際，E3と入力してもよいのですが，E3のセルをクリックするだけで，E3と自動的に入力されます。以上のようにして，2つの質問への回答者数が算出できます。

▷度数分布
ある基準に基づいてデータの値を大小によって区分し，1つにまとめたものを度数分布という。度数とは，データ数のことである。

▷累積度数
一番下の分類基準からある水準の分類基準（ここの例では2）までの度数を累計（合計）したものをいう。

V　より深い学びのための道具

◯回答が3通りの場合

では，回答パターンが3つあった場合（たとえば「1：はい」「2：どちらともいえない」「3：いいえ」）には，どうしたらよいでしょうか。このような場合には，まず，1について上述と同様の方法で算出します。続いて，2についても同様の方法で算出しますが，その値は累積度数となるため1もしくは2と回答した人数になります。そこで，この数値から1の回答者数を引けば2の回答者数になるわけです。具体的には，たとえばセル番地F3に1と回答した人数が表示されており，F4に2と回答した人数を表示しようとしたとすると，他のどこかのセル（たとえばG3）に関数FREQUENCYを用いて［区間配列］において2と入力し，2までの累積度数を求めます。それから，入力モードを半角英数に切り替え，F4のセル内に「＝G3-F3」（ただし「」は除く）とセルのクリックによる入力とキーボードからの記号入力を行います。3については，2の場合と同様に，関数FREQUENCYを用いて3までの累積度数から2までの累積度数を引けばよいわけです。もちろん，全体から2までの累積度数を引いても3の回答者数を計算できます。

◯人数から％へ

各質問に対する「はい」「いいえ」という回答の人数がわかったら，今度は各回答の占める割合（％）を計算しましょう。これによって，回答者全体の傾向をつかむことができます。その方法は，それぞれの回答者数と全体の人数から計算できますが，もちろん，それもパソコンで行います。Excelで計算をする場合には，加減乗除はそれぞれ＋－＊／という記号が対応しています。したがって，「あなたには彼氏または彼女がいますか」という質問に「はい」と答えた人の割合は，結果を出力したいセルにおいて「＝54/137」もしくは先程も述べたようにセル番地を用いて「＝回答者数の表示されたセル番地/全体数の表示されたセル番地」（ただし，いずれも「」は除く）とすれば計算されます（このときの入力モードは，英数半角であることに注意して下さい）。ただし，％だからといって，100倍する必要はありません。小数で表示されている値は，［ホーム］タブ→％のボタンをクリックすれば％表示されるようになっているからです。ここでは，そのような操作を行うと 0.394161 という表示が 39% に変わります。このとき，％の桁数を変えたい場合は というボタンを使用します。左は「小数点表示桁上げ」，右は「小数点表示桁下げ」の機能があります。要するに，桁上げすると39.4％という表示になり，もう一度桁下げすると39％という表示に戻るというわけです。なお，Excelでの表示は，四捨五入されますので，注意をしておいて下さい。残りについても，同様の方法で％を求めてみて下さい。

▷＋－＊／
表計算ソフトでは，プラスとマイナスは数学の記号どおりだが，かけ算には＊（アスタリスク）が，割り算には／（スラッシュ）がそれぞれ使用される。

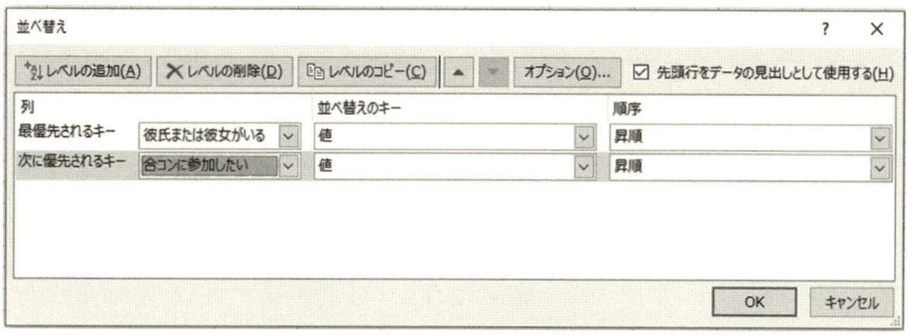

V-10 エクセル操作(2)：データを処理・加工する

図40　並べ替えの設定後

図41　並べ替えのイメージ

回答者	質問1	質問2
1	1	1
5	1	1
7	1	1
3	1	2
9	1	2
2	2	1
8	2	1
4	2	2
6	2	2
10	2	2

❷ 並べ替え（ソート）を用いたデータの処理・加工

○クロス集計とは

先程と同じ入力データを使って，上記とは異なった処理・加工をしてみましょう。どのようなことを行うのかといいますと，それはクロス集計と呼ばれるものです。上記で行った処理・加工は，各質問において「はい」と回答した人が何％，「いいえ」と回答した人が何％であった，という双方の質問を独立にとらえたものでした。それに対して，ここで行うクロス集計では，2つの質問の関連性に着目した処理・加工ということができます。

○データの並べ替え

では，具体的にクロス集計のやり方を説明していきましょう。はじめに，データの並べ替え（ソート）を行う必要があります。並べ替えの方法は，まず，並べ替えを行うデータの項目をクリックしておきます。ここでは，「回答者」をクリックしておきます。次に，［ホーム］タブを選択し，並べ替えとフィルター→［ユーザー設定の並べ替え］をクリックします。そうすると，図40のようなダイアログボックスが表示されます。そこで，最優先されるキーには，下矢印をクリックして「彼氏または彼女がいる」を選択します。そして［レベルの追加ボタン］をクリックし，次に優先されるキーでは「合コンに参加したい」を同様に選択します。昇順と降順については，番号の若い（早い）順が昇順，反対が降順となりますが，ここでは昇順としておきます。設定が終わったらOKボタンをクリックします。そうすると，まず，はじめの質問で1と回答した人と2と回答した人とに別れます。さらに，はじめの質問で1と回答した人のうち2番目の質問で1と回答した人と2と回答した人とに別れ，同様にはじめの質問で2と回答した人も1と2の回答者に別れます。簡単に例示すると図41のようになります。

○クロス集計表の作成と結果の解釈

図のような並べ替えの結果を利用して，クロス集計表を作成していきます。

Ⅴ より深い学びのための道具

表10 ある入学試験の得点と模擬試験受験の有無

No.	入試得点	模試受験の有無
1	88	無
2	60	有
3	52	無
4	73	有
5	90	無
6	50	無
7	45	無
8	80	無
9	72	有
10	51	無
11	0	無
12	97	無
13	55	無
14	64	有
15	82	有
16	96	無
17	41	無
18	75	有
19	38	有
20	73	有
21	77	無
22	65	無
23	36	無
24	84	無
25	66	有
26	63	有
27	78	無
28	54	無
29	93	無
30	85	有
31	79	有
32	80	無
33	60	有
34	49	有
35	57	無
36	64	無
37	55	無
38	28	有
39	65	有
40	16	無
41	62	無
42	38	有
43	27	無
44	84	有
45	9	無
46	20	無
47	65	有
48	32	無
49	16	無
50	78	有

表9 クロス集計の結果（仮想）

質問1 \ 質問2	はい	いいえ	合計
はい	13	41	54
いいえ	62	21	83
合計	75	62	137

必要な情報は，質問1と質問2で1と1，1と2，2と1，2と2というそれぞれの回答パターンの人が何名ずついたのかということです。この人数を求めるには，COUNTという関数を使用します。方法は，まず，［数式］タブ→関数のボタン fx 関数の挿入 をクリックし，［統計］を選択してからCOUNTを選択します。質問1と質問2でいずれも1と回答した人だけを範囲指定して OK ボタンをクリックするとその人数が表示されます。ただし，この関数は単純にセルの数を数えるものですので，具体的には，前ページの図41のように質問2で1となっている3人分のみを範囲指定します。以下，同様の方法で2と回答した人，1と回答した人，2と回答した人という順ですべての人数を求めます。たとえば，その結果が表9のようになったとします。この結果をみると，彼氏または彼女がいる人は54名，いない人は83名です。合コンに参加したい人は，75名参加したくない人は62名です。それだけをみると，合コンへ参加したい人は半数強です。ところが，クロス集計表では，別の見方が可能です。つまり，合コンに参加したい人のうち，彼氏または彼女がいない人は62名おり，参加したい人の実に74.7％を占めています。このように，クロス集計を行うことで，別の側面からの考察も可能になります。

［課題］

1. 各自でデータを探してきて，関数を用いたデータの処理・加工をやってみましょう。また，同じデータ構造であれば，クロス集計表の作成をしてみましょう。
2. 左の表10は，ある入学試験の得点とその入学試験のための模擬試験受験の有無について，50名のデータを示したものです。このデータを用い，以下の手順に従ってクロス集計表を作成してみましょう。

　　手順1：入試得点において，60点以上を合格，60点未満を不合格とし，ダミー変数を用いて表してみましょう。
　　　　　（たとえば，合格＝1，不合格＝2）
　　手順2：模擬試験受験の有無についても，ダミー変数を用いて表してみましょう。
　　　　　（たとえば，有＝1，無＝2）
　　ヒント：そのままでデータを変換していくこともできますが，並べ替え（ソート）を使えば，簡単にデータの変換ができます。

（戸梶亜紀彦）

Ⅴ　より深い学びのための道具

エクセル操作(3)：出力する

統計量について

◯データを用いた計算

これまで，表計算ソフト Excel を用いて，データ入力とその処理・加工の方法について述べてきました。そこでは，人数のカウントや全体の中での占める割合などのような簡単なデータ集計方法や図表作成のためのデータ処理について述べました。ここでは別の例を使用し，そのデータを用いて必要な計算を行い，その結果を出力するという作業についてお話しします。

◯基本統計量とは

統計解析ソフトの説明においても，簡単に述べられていますが，データを扱う際に知っておくべき事項がいくつかあります。まず，データの統計的特徴を表す量を一般的に統計量といいます。そして，その中で最も基本的なものが基本統計量と呼ばれています。この基本統計量は，さらに2つに大別されます。1つは分布の中心付近に関連する量で，代表値と呼ばれ，平均値，中央値，最頻値がこれに属します。代表値とは，データの分布において代表となる値を示していると考えられています。平均値は前述したようにデータの重心を示しており，中央値はデータを大小の順に並べたときの中央にくる値，最頻値はデータの中で最も多く存在する値のことです。これらは，データの分布の状態（形）によって変動しますが，通常は平均値を用いるのが一般的になっています。

基本統計量のもう1つは，データの散らばりの程度を示す量で，散布度と呼ばれ，範囲（レンジ），分散，標準偏差がこれに含まれます。散布度は，分布の広がりの程度を示すものです。範囲はデータの最大値と最小値の差であり，分散と**標準偏差**はデータと平均値との差（偏差）に基づいて算出される値です。これらのうち，一般的に使用頻度の高いものは標準偏差です。標準偏差は，単位がデータと同じであるため，データの散らばりの程度が感覚的にもつかみやすいことがその理由です。ちなみに，分散も比較的よく用いられますが，標準偏差を2乗すれば分散になりますので，いずれか一方を用いれば十分です。標準偏差もしくは分散が小さいということは，データが平均値の近辺に集中していることを示しており，反対に，これらが大きいということは，データが平均値から離れたところにまで散らばっていることを示しています。

▷分布の基本として正規分布が仮定されているため，代表値としては慣例的に平均値が用いられている。

▷標準偏差
標準偏差は英語で Standard Deviation ということから，SD という記号でもよく表現されている。

2 統計量の出力

◯ 平均値を求める

さて，今度は以下の例に基づいて，実際に基本統計量を出力してみましょう。上の表11は，1組から3組までの各クラスの生徒15名の試験結果を示しています。ここでは，一般的によく用いられている平均値と標準偏差を求めることにします。

表11　各クラスにおける生徒の試験結果

クラス	1	2	3	4	5	6	7	8	9	10	11	12	13	14	15
1組	70	65	55	45	60	65	75	85	65	60	65	65	75	50	75
2組	75	70	60	50	65	70	80	90	70	65	70	70	80	55	80
3組	80	60	50	30	55	45	90	95	75	45	65	70	95	40	80

単位：点

　まず，各クラスごとに平均点を求めることにしましょう。平均点はクラスごとの得点の合計点を人数で割ればよいわけです。合計を求めるには，SUMという関数を用います。まず，平均値を出力したいセルをクリックします。次に，［数式］タブ→関数選択のボタン fx をクリックし，関数の分類において［最近使用した関数］もしくは［数学／三角］を選び，関数 SUM を選択します。そして，1組の合計点であれば，1から15までの得点を範囲指定して OK ボタンをクリックします。これで1組の合計得点（975）が表示されます。そして，別のセルに「＝合計得点のセル番地/15」（ただし，「」は除く）と計算式を入力すれば，65という平均点が出力されます。残りも，同様の方法で合計得点および平均点を求めればよいわけです。

　ところで，上記のような手順を経て，平均値を求めてもよいのですが，実は，直接的に平均値を求めることができる関数があります。それは，AVERAGEという関数です。使用方法は，SUMとまったく同じです。まず，［数式］タブ→関数選択のボタン fx をクリックし，関数の分類において［最近使用した関数］もしくは［統計］を選び，関数 AVERAGE を選択します。そして，平均値を出力したい組の1から15までの得点を範囲指定して OK ボタンをクリックすれば完了です。

◯ 標準偏差を求める

　次に，標準偏差についてですが，これも関数を用いて簡単に求めることができます。ただし，標準偏差については2種類あり，どちらを求めるべきかを判断しなければなりません。一方は，クラスのデータを全体と考え，各クラスを**母集団**とみなす場合です。たとえば，この学年の1組のことだけの情報として知りたいという場合です。この場合には，STDEVPという関数を使用します。他方は，クラスをデータの一部分と考え，そのデータを基にしてもっと大きな母集

▶母集団
調査の対象として考えられているものすべてを含む集合をいう。ここでは，ある学校の1クラスを母集団として扱ったが，そのクラスを含む学年を母集団とする場合もあるし，日本中のその学年を母集団として考える場合もある。そのような場合は，はじめに母集団とされていたクラスは標本ということになる。何を母集団と考えるかは，調査の目的によって異なってくる。

団を想定する場合です。たとえば，ある地区の対象学年の生徒すべての得点を問題としたいような場合です。この場合には，STDEV という関数を用います。

関数の選択は，[数式] タブ→関数のボタンをクリックし，関数の分類において [最近使用した関数] もしくは [統計] を選び，関数（上記のいずれか一方）を選択します。そして，標準偏差を出力したい組の1から15までの得点を範囲指定して OK ボタンをクリックすれば完了です。

そのようにして，3クラスの平均値と標準偏差を求めると以下のようになります。なお，ここではクラスを全体と考え，その特徴をみたいと想定したとします。したがって，標準偏差はSTDEVPを用いて出力します。

- 1組：平均点＝65.0点，標準偏差＝10.00点
- 2組：平均点＝70.0点，標準偏差＝10.00点
- 3組：平均点＝65.0点，標準偏差＝20.00点

○ 表示桁数

ここで，数値の表示についての注意事項を述べます。平均点は，すべて割り切れたのだから，整数で表示してもいいのではないか，という考えが浮かぶ人がいるかもしれません。しかしながら，ここでは，たまたま割り切れただけであって，計算によって算出されたものは，四捨五入によるまるめの誤差を含む可能性があります。そこで，整数÷整数ということから，一桁下の位，すなわち小数第1位までを表示するようにします。また，標準偏差は，実際には各得点と平均値との差に基づいて，さらに割り算をして算出されます。したがって，平均値が小数第1位までになっているため，さらにその1つ下の小数第2位までを表示するようにします。小数点表示の桁上げは，[ホーム] タブ→ のボタンで行うことができます。これらは，その後の計算結果に影響しますので，桁表示の仕方は上記の例のようにしておきます。

3 出力された結果の扱い

○ 出力結果を解釈する

上記の結果をみると，単純に，2組が最も成績がよかったことがわかります。1組と3組は同じです。しかし，これは平均値という代表値のみでの判断です。標準偏差をみると，1組と2組は同じで，3組はその倍の値になっています。一体，これらの結果から，どのようなことが言えるのでしょうか。

ここに示した例は，当然ですが模擬データでり，あることを意図して作成したものです。まず，1組と2組を比較してみましょう。実は，2組の得点は1組の得点をすべて＋5点したものです（表11参照）。すなわち，1組の得点の分布を全体的に＋5点分だけ平行移動したことになります。したがって，2組の平均点は1組の＋5点になりますが，データの散らばりの程度を示す標準偏差は同じ値のままなのです。

▷ 表示桁数
表示桁数は，誤差を考えての表示方法である。これに対し，誤差をはじめから表示しない有効桁数という考え方もある。表示については，慣例的なものもあるが，結果の値の1桁下までを表示しておけば，多くの場合は問題ないだろう。

また、1組と3組を比較すると、平均点は同じですが標準偏差が倍であることから、1組の方が平均点の近辺に得点が分布しており、それに対して、3組の方は平均点から離れたデータが多いということを示しています。もし、このような2つのクラスが存在していたとすると、1組では平均の人にあわせた授業を行っても、それなりの学習効果が見込めますが、3組では簡単だと感じる生徒と難しいと感じる生徒の両者が存在することが予想されます。

　このように、データに基づいて基本統計量を出力し、結果として利用すると、データの分布についてより多くの情報を知ることができるようになるのです。

●出力結果を印刷する

　これまで述べてきたように、表計算ソフトを使用する場合の最終的な目標は、図表の作成ということと、データの処理・加工および統計量の出力であると考えられます。図表については、統計解析ソフトの図表の場合とまったく同様に扱うことができます。すなわち、基本的には、使用したい図表をクリックして選択状態にすると周囲が線で囲われます。その状態で、マウスを右クリックし、［コピー］を選択します。そして、ワープロソフトにおいて、カーソルを図表の貼り付けたい位置へ移動し、一太郎であればメニューの〈編集〉→［形式を選択して貼り付け］→［形式を選択］→データの形式において［ピクチャ］を選択します。Wordであれば［ホーム］タグ→［貼り付けボタン］をクリックし、［形式を選択して貼り付け］→貼り付ける形式において［図Windowsメタファイル］を選択します。そうすれば、そのまま図表として貼り付けることができます。その場合には、ワープロソフトでそのまま印刷が可能です。

　ワープロソフトで印刷する場合には、ファイルのタグをクリックし、［印刷］を選択して下さい。このとき、印刷される状態が画面に表示され、レイアウトを確認することができます。また、印刷の設定の右下にある青文字の［ページ設定］をクリックすれば、行数や文字数などの設定を変えることができ、その上で印刷することができます。印刷は、印刷ボタン をクリックします。

　また、Excelの内容をそのまま印刷したい場合には、Wordの場合と同様に、ファイルのタグをクリックし、［印刷］を選択して下さい。このとき、印刷される状態が画面に表示され、レイアウトを確認することができます。また、印刷の設定において、用紙の向き、余白の幅、拡大縮小などの設定を変えることができ、その上で印刷することができます。印刷は、印刷ボタン をクリックします。

　　［課題］
　　　各自でデータを探してきて、平均や標準偏差を関数によって出力し、表を作成しましょう。また、その表を印刷してみましょう。

（戸梶亜紀彦）

コラム 10

上手に使いたい IT

　インターネットを用いた情報の検索や収集，電子メールによる情報交換など，今後はITを上手く使いこなせるかどうかということが，いろいろな面で大きな差をもたらすと言われています。このことを情報格差といいます。金銭による豊かさの差が貧富の差であるように，情報量の差が情報格差です。

　たとえば，ある大学において，レポート課題が出されたとします。その課題をまとめるにあたって，学力的にはほぼ等しい2人の学生がいたとします。1人は参考となる本や文献をたくさんもっているAさんで，もう1人は参考にするものが何もないBさんです。この2人が提出するであろうレポートの内容について想像することは，かなり容易なことでしょう。すなわち，情報量の多いAさんは，課題についての詳細を知ることができ，内容の濃いレポートを仕上げることができるでしょう。しかしながら，情報を持ち合わせていないBさんは，自分の知識を振り絞って仕上げなければならず，かなりの苦戦を強いられることは必至です。このように，これからの時代は，情報量という側面での違いが明確に現れてくるようになってきます。

　しかし，これだけでは収まりません。さらなる問題は，情報の質です。ネット上には膨大な量の情報があります。しかしながら，その中身は，まさに玉石混淆です。ただ単に，インターネットや電子メールが使えるということだけではなく，電子ネットワーク上にある大量の情報の中から，信頼性の高い情報や本当に必要な情報を見つけ出すことが重要になり，そのためには，2つのことが要求されます。1つは，検索エンジン（サーチエンジン）と呼ばれるツールを上手く使いこなすことです。ネット上では，Google（グーグル），Yahoo!（ヤフー），Excite，Infoseek（インフォシーク），NTT DIRECTORY，Lycos（ライコス）などの検索エンジンが活用できます。これらを上手く活用すれば，多くの情報の所在をつかむことができます。あとは，情報を活用する側としては，情報の信頼性や良し悪しを見分ける目を養う必要があります。

　以上のようなことに留意して，多くの情報にアクセスし，内容を吟味しながら信頼性のある優良な情報を収集することができれば，レポート課題や卒業論文の作成時だけでなく，社会に出てからも大いに役立つことでしょう。

（戸梶亜紀彦）

VI 探求を進めていくための方法

1 自分の問いを探す

▷ 小林康夫・船曳建夫（編）1998 新・知の技法 東京大学出版会 pp. 231-243.

1 大学で学ぶということ

文化人類学者の船曳建夫は，「大学で学ぶということ」という文章の中で，次のように書いています。

　（大学で）学ぶ，とは，自分の問いに自分で答えることです。高校までの教わるという行為はこれと対比的に言い表せば，他の人の立てた問いとそれに対する他の人の模範的な答えを知る，ということです。それが時には面白く，しかしながらしばしば退屈に思える理由の多くは，その問いがあなたのものでないので心に泌みないのです。

上記のとおり，大学で学ぶということの中には，他の人が立てた問いと答えを知る（つまり知識を得る）ことだけではなく，自分で問いを立て，それに自ら答えを求める，という意味があります。この意味で，大学での授業は，自分で問いを立てるための準備として，必要な知識を身につけたり，問いの立て方や，問いに対する向き合い方を教わったりするためのものといえます。そうした準備を経て，自分の問いと，それに対する自分なりの答えをまとめた集大成が，多くの大学で課されている「卒業論文」ということになります。研究につながる自分の問いを，どのように探していけばよいのでしょう。

2 いかなる問いを立てるか

自分の問いを立てる，というとき，その問いには2つのレベルがあります。

❍ 漠然とした関心のレベル

まずは，自分がどのようなことに関心を持ち，何を面白いと思っているかということ。たとえば，「関西と関東の文化の違いに関心がある」というのもそのひとつです。この漠然とした関心は，東京から関西に引っ越してカルチャー・ショックを受けた，というような，自分の経験に根ざしたものでもよいですし，文化に関する授業を受けたり本を読んだりして面白いと思った，ということでも構いません。すべての問いは，このレベルから始まります。

❍ リサーチ・クエスチョン（Research Question）のレベル

漠然とした関心は最初の手がかりとしては大切ですが，それだけでは研究になりません。具体的にどのような現象に着目し，それをどう扱いたいのかを，明確にする必要があります。たとえば，「関西の人と関東の人のコミュニケー

ション様式はどのように違うのだろうか」というように，特定の側面に焦点を定め，問題を絞り込むのです。こうして問いの形を徐々にはっきりさせ，洗練させていくことによって，最初の漠然とした関心を，リサーチ・クエスチョン（研究上の問い）に変えることができます。

元の関心はひとつでも，焦点の当て方はいろいろあります。「関西と関東の文化の違い」といっても，その中身は，コミュニケーション様式の違いだけでなく，言葉の違いもあれば，食文化やお笑いカルチャーの違いもあるでしょう。どこに焦点を絞るかによって，リサーチ・クエスチョンは変わってきます。自分だけの問いは，自分だけの視点を持つことから生まれるのです。

③ 問いを探す習慣

自分自身が心から面白いと思える，"心に沁みる"研究テーマを見つけるためには，普段から，自分の問いを探す習慣を持つことが必要です。

○「観る眼」を持つこと

人文・社会科学系の学問の中には，私たちが生きている現代の社会生活を対象とする分野が多くあります。こうした分野の研究テーマは，日常生活の中にあります。普段の対人場面や身近な環境の中に，研究の"ネタ"が隠れていないか，注意を払って観察してみましょう。テレビや新聞で報道される社会問題の中にも，さまざまなヒントが含まれています。面白いと思ったこと，なぜだろうと気になったこと，本当だろうかと疑ったこと，これらはどれも，自分の問いにつながる事柄です。こうした感覚をそのままにせず，もう一歩先まで「よく観る」ことが，自分の問いを見つけるための第一歩です。

▷たとえば言語学，心理学，社会学，文化人類学，人文地理学，などなど…。

○ 問いを立てる訓練：交差点観察の例

箕浦康子（1999）は，心理学や教育学の研究方法としての観察法を指導する中で，「問いを立てる訓練」について提案しています。その一例は，交差点を行き交う人々の様子を観察し，そこからリサーチ・クエスチョンを見つける，というものです。たとえば，「信号を待っているときの，人々の位置取りや，お互いの距離の取り方には，何らかのルールがあるだろうか」という問い。また，「誰か一人が赤信号を無視して渡り始めると，待っていた他の人々も，それにつられて渡る率が増えるのではないだろうか」という問い。どちらも素朴な問いですが，実は，前者は「パーソナル・スペース」，後者は「同調行動」という心理学の専門的な概念と，密接に関わっています。

交差点という場は，私たちにとっては，まさに日常そのものです。けれども，意識的に注意深い観察のまなざしを向けることによって，そのあたりまえの光景の中からも，いくつもの問いを見つけ出すことができます。その意味で，箕浦（1999）も書いているとおり，「観察力」と「問いを発する力」とは，まさに，表裏一体であるといえるでしょう。

（村本由紀子）

▷ 箕浦康子（編）1999 フィールドワークの技法と実際　ミネルヴァ書房
身近な日常の現場を観察する中から，いかにして優れたリサーチ・クエスチョンを見つければよいのか，その心構えと技法を基礎から教えてくれる本。

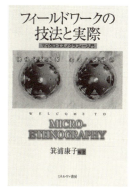

Ⅵ　探求を進めていくための方法

 自分の研究計画へ

自分の問いに向き合う

　大学で学ぶということの中には，「自分で問いを立て，その問いに対して自分なりの答えを探す」という能動的なプロセスが含まれていることを，前のページで説明しました。自分の問いが見つかったら，今度は，それに対する答えをどうやって探していくかを，考えていかなくてはなりません。それが，「自分の研究計画を立てる」ということです。

　答えを探す方法は，ひとつだけではありません。同じ問いに対しても，たくさんのアプローチのしかたがあります。さまざまな可能性の中から，自分が興味を持てそうな研究，自分にふさわしい研究，そして，自分にもできそうな研究の方法を，上手に選び取っていきましょう。

さまざまなアプローチのしかた

○どの学問分野（discipline）でアプローチするか

　ひとつの問いにアプローチすることのできる学問分野は，ひとつだけではありません。たとえば，「関西と関東のコミュニケーション様式の違い」は，言語学，心理学，社会学，いずれの分野でも研究可能です。ただし，同じ問いに対しても，その扱い方は，もちろん分野によって異なってきます。

　もし，あなたの大学のシステムが，入学1，2年後に各自の専門分野を決めるという方式をとっているなら，それぞれの学問分野があなたの問いをどう扱うか，そのイメージを手がかりにして，進学先を選ぶとよいでしょう。

○どの方法論（methodology）でアプローチするか

　学問分野の違いだけでなく，研究の方法論の違いも重要です。たとえば，「関西と関東のコミュニケーション様式の違い」を研究するために，社会心理学という学問分野を選んだとしましょう。それでもさらに，この問いには，表12のとおり，さまざまな研究手法によるアプローチのしかたがあります。ここでもまた，選択が必要です。また，方法論の違いというのは，単に，実験か調査かといった研究手法の違いにとどまらず，それぞれの手法の背景にある研究理念とも，深く関わっています。研究理念とは，たとえば「そもそも人間の"心"というものをどのようにとらえようとするのか」といった，基本的な研究の姿勢のことです。難しい問題ではありますが，研究手法を選ぶ上で，それ

▷さまざまな学問分野
最近では，旧来の学問分野の体系にこだわらずに，より多角的にひとつの問いを扱う「学際的な」学問のあり方が模索されている。大学によっては，こうした学際的な学び方を視野に入れた学部を持つところも増えている。

▷進学先の決定時期
逆に，入学した時点で既に自分の専門分野が定まっている場合には，自分の専門分野で扱うことのできる範囲内で問いを探す，ということになる。

表12 「関西と関東のコミュニケーション様式の違い」に関する研究法の一例

方法論	アプローチのしかたの例
社会調査法	幅広い年齢層の関西・関東在住者に対して，友人・知人とのコミュニケーションのとり方についての調査票を送付し，統計をとる。
実験法	関西・関東在住者を実験室に呼んで，ふたりの人がさまざまな会話をしている場面を見せ，どのような印象を持つかを評定してもらう。会話場面は，いくつかの条件をあらかじめ設定して作る。
参与観察法	関西と関東の大学生協で各1か月，毎日1時間座って，学生どうしの会話の様子をできる限り観察する。自分も会話の輪に加わって，生きたコミュニケーションを体験する。
面接法	関西から関東（または関東から関西）に移り住んだ人たちにインタビューして，コミュニケーションの違いについて気づいたこと，困った経験などを，自由に語ってもらう。
メッセージ分析	関西と関東の「お笑い」番組中の会話を大量に記録，分析して，そこに見られる笑いのコミュニケーションの違い（ボケとツッコミ，オチの構造など）を明らかにする。

らの研究理念にも思いをめぐらすことができれば，なお望ましいことです。

● 仮説生成研究か，仮説検証研究か

自分の問いに対して，参考になりそうな先行研究がたくさんあり，一定の成果が上がっている場合には，問いに対する答えをあらかじめ予測し，その予測が正しいかどうかを確かめる「**仮説検証型**」の研究が向いています。一方，自分が関心を持っている領域が未開拓で，ゼロから積み上げる必要がある場合には，むしろ，研究の結果をもとにして新たな予測を生み出す，という「**仮説生成型**」の研究がよいでしょう。どちらのタイプの研究を行うかによって，ふさわしい研究手法も，ある程度決まってきます。つまり，仮説生成・検証どちらの研究を行うかということと，調査・実験・観察などの中でどの手法をとるかということとは，セットにして考える必要があるといえます。

▷仮説検証研究
このタイプの研究を行う場合には，適切な仮説の立て方と，それを検証するための調査や実験の計画・実施のしかたを，実習授業などでしっかり身につけておくことが，何より重要になる。

▷仮説生成研究の意味や方法論
VI-1 でも紹介した，箕浦康子（編）1999 フィールドワークの技法と実際 ミネルヴァ書房，に詳しい。

③ 自分のアプローチ方法を選ぶときに大切な2つのこと

● 軸足を定める

自分の問いに対して，多くのアプローチ方法があることを知ると，どの道を選ぶべきか，迷うこともあります。しかし，あれこれと目移りするあまりに，問いそのものを見失ってはいけません。研究計画が立てられない，という人の多くは，アプローチのバラエティーにばかり目が行き，「そもそも自分は何をやりたいのか」が自分でわからなくなっているのです。軸足をしっかりと定めて，自分の問いが何だったのか，その根本に常に立ち返るよう，心がけましょう。

● 視野は広く持つ

軸足さえしっかりしていれば，その上で，視野を広く持つのはよいことです。たとえば，自分の学問分野だけでなく，周辺分野にも，参考になる文献はあるかもしれません。違う専門領域の教員も，よいアドバイスをくれるかもしれません。軸足が揺るがないように気をつけながら，上手に幅広く情報を集めましょう。

（村本由紀子）

Ⅵ　探求を進めていくための方法

 上級生になっていくときの選択

1　入学後に決まっていく専門

「入学したのは文学部。でも卒業する時は，文学部の人間学科の哲学専攻。サルトルの研究をした」というように，入学時にはなかった専門分野に関する情報が，卒業時には加わっています。

これは誰かが決めてくれるのでしょうか，それとも自分で決めるのでしょうか。これがいつどうやって決まるのかを説明し，志望を絞ったり，希望をかなえたりしていく方法について，考えてみましょう。

2　専攻分野を決める

○専攻分野の振り分け

学部内での専攻が，入学時から決まっている学校もありますが，2年や3年次に履修するコースの振り分けをする学校もあります。希望は尊重されますが，志願者数が偏れば，**成績で振り分けられる**ことがあります。

「地理学コースに進みたかった。でも地理以外の科目の成績が悪かったために，成績全体の平均点が低くなり，人気のある地理には行けなかった」という人も出てくるわけです。こういう学校では，成績を上げておくことで選択の自由が確保できます。

○志望を決める時期

専攻の志望を決める時期は，入学前という人もいますが，「入学後に変更した」，「決めずに入って，勉強しながら考えた」という人も多くいます。高校までの限られた知識では，その学問の正しい姿を必ずしも知らなかったり，**誤解**していることすらありますので，まずは1年次の授業をよく聞き，興味をもったことは先輩や先生に積極的に質問に行くとよいでしょう。あこがれやイメージではなく，実際の様子を知ることです。

○その大学が得手な研究分野

大学は第一線の学問の現場なので，先生方はそれぞれ何らかの研究分野の専門家です。詳しく見ていくと，大学ごとに得意な分野があるのがわかるでしょう。

たとえば考古学の中でも，「古代エジプトに強い」ところもあれば，「エジプトのことは研究してない」大学もあるのです。何でもできるのではなくて，先

▷**成績で振り分けられる**
いくつかの特定の科目の成績を参照する場合と，1年次に履修した全科目の成績をもとにする場合がある。

▷**誤解**
心理学の誤解の例をあげておく。筆者が1年次生に尋ねたところでは，心理学は「病気の人を直す」，「犯罪者を分析する」イメージが強く，マスコミで見聞きした話題の印象が強い。しかし最近の日本心理学会の発表会場は20近くに分かれ，臨床，犯罪のほか，社会，教育，生理，産業，交通，感覚，記憶，数理，言語，スポーツなどのさまざまな心理学がある。病人や犯罪者より，普通の人の普通の行動を科学的に調べる研究の方がはるかに多い。

表13　専攻分野を決めるためのポイント
1．自分の学部では，具体的にどんな研究領域を扱っているのかを把握する
2．イメージやあこがれではなく，実際の学問の中身や研究方法を知る
3．その研究分野の中身や方法が，自分の好みや適性とあっているか考える

生の専門とする領域に合わて専門教育が行われているのが普通です。

こういった大学の特徴は，入学前に調べておくのが理想ですが，下調べが足りなかった場合は，入ってから気づくこともあるかもしれません。だとしても学問は幅広く，一般にはあまり知られていなくても魅力的な研究領域はたくさんありますので，新たな興味の対象を見つけてください。

実際の学問の姿を知りながら，自分の適性と重ねていきましょう。先輩の就職先を見てみるのも，将来の展望につながり，参考になるでしょう。専攻の決定のためのチェックポイントを表13にまとめておきます。

3　研究分野を決める

○研究単位への配属

専門に分かれた後，さらに3年次か4年次でゼミ（研究室，講座）の配属が決まる学校が多いようです。卒業論文の指導教官が引率者となりますが，複数の教官が1つの専門分野をまとめて担当することもあります。

「社会心理ゼミで，広告の心理的効果の研究をしている」，「山田研（山田先生の研究室）で，ラットの食行動について研究している」，「考古学講座で旧石器時代の研究をしている」などと言います。

○それぞれの特徴

この小集団では分野や先生の特徴が出てきます。「考古学では泊まり込みで遺跡の発掘調査に行って，集団で自炊生活をする。大変だけど楽しい」など，雰囲気が魅力という声もよく聞きます。忘年会なども行われ，学生同士は大事な仲間となり，そこの研究室の**大学院生**とも親しく話ができるようになります。雰囲気のよい集団には，人気が集まりやすいようです。

▷大学院生
⇒ VII-3「さらに学びを続けたくなったら」参照。

○配属の決め方

日頃の自分の関心が，どの領域と近いかを考えておきましょう。配属は学生の希望が尊重されますが，志望者が偏ればくじなどで学生同士が調整することもあるようです。所属が決まれば，いよいよ専門的な研究が始まります。

［課題］
　自分の学部・専攻にいる先生の専門分野や研究テーマについて，大学のホームページを利用して調べてみましょう。

（田中共子）

Ⅵ　探求を進めていくための方法

4 卒業研究へ発展させるために

1 卒業研究とは

◯ 卒業研究は学びの集大成

学部の履修要覧をみると，卒業研究や卒業論文の単位数は普通の授業よりかなり大きいのではないでしょうか。卒論は大学における「学びの集大成」です。学問の研究方法の初歩を，実際に身につけた印の作品なのです。

◯ 知の立ち上がる瞬間に立ち会う

大学は学問の第一線，いわば「知の製造業」ですが，あなたはようやく「製造」に組し，大学が生む新しい知の一角を担います。これまでは授業を聞く，いわば知の消費者でした。しかし大学は授業だけしている組織ではなくて，本当は研究と教育を併せて，知の製造・販売の一貫体制を持つ組織なのです。

授業の傍らで，教員や大学院生は研究をしています。学部生は，研究法や演習の授業で知を作る方法を修行してきましたが，仕上げの小作品が卒論です。あなたも知の製造機能の一角を担うのです。

◯ 自分の好奇心と充足感

卒論のテーマは多くの場合，本人にとっても自分の関心を心ゆくまで追求するものです。入学前から暖めていた問題，在学中に見つけだした面白い主題，将来にわたって展開したいテーマなどに取り組みます。苦労もしますが，完成の暁には，自分の研究の達成感と充足感に感動を覚える人も多いのです。

▷たとえば，岡山大学文学部行動科学科心理学履修コースの場合，通常の授業1科目（半期）は2単位。卒業論文は14単位（通年），卒業研究（研究法Ⅱ）が4単位（通年），3年次の準備（研究法Ⅰ）も4単位（通年）。合計すれば普通の授業11科目分。

2 卒業研究を仕上げるまで

◯ 卒業研究のスケジュール

詳細は大学によって少しずつ違いますが，スケジュールの例をみてみましょう（表14）。この大学では前期に準備，夏から秋に実験や調査などデータ収集，晩秋から冬にかけて論文をまとめ，1月に提出しています。何度か発表会があり，口頭試問も課されます。論文は，卒業間際まで改稿を行っています。

このように1年がかりですから，長期の計画管理がポイントになるでしょう。前期は就職活動や教育実習，後期は大学院の受験などの時期と重なることも多いので，**時間のマネジメント**をしっかりしましょう。

◯ 指導・助言・相談

研究は手探りの作業です。迷いもあるでしょうが，1人で行き詰まらないよ

▷**時間のマネジメント**
進路が決まっても，卒業論文が書けず留年する例もある。特に就職活動に手間取ると，すべてのスケジュールが遅れ気味になりやすい。卒業論文を課さない大学・学部をうらやむ声もあるが，さまざまな問題を乗り越えることも自分の成長のうちと考えたい。

表14　卒論演習のスケジュール

```
月
 4  研究計画，先行研究レビュー
 5                    「テーマ発表会」
 6    予備研究
 7                    「中間レポート」
 8    本研究，分析
 9
10
11    全体の考察，執筆
12                    「要旨発表会」
 1           ↓推敲，「提出」
 2  「口答試問」，改稿，「卒論発表会」
 3  卒業
```

（注）　岡山大学文学部社会心理学研究室の例をもとに作成。

うにしましょう。指導教官には進行状況をこまめに見せ，大学院生にも相談相手になってもらいましょう。友達同士でも助けあうとよいでしょう。

③　卒業論文に結びつける学び方

○卒業論文はどう書くのか

卒業論文を書いていくときの**基本的な概略**は，以下のようなものです。

1. 学問的な視点に結びつけながら，疑問を持ち，未解決の問題を探し，文献を調べ，資料をみつけ，研究課題を設定する。
2. 専攻する学問分野で習った方法論の中から，適した手法を選んで確実に実行し，得られた情報を分析する。図表や文章や数式で結果を提示する。
3. 得られた結果を吟味したり，先行研究の結論と突き合わせたりして，自分の結果に関する考察を深め，自分なりの結論を導く。それを論理的な文章で表現する。
4. 引用文献を書いたり表紙をつけるなど，論文の書き方のフォーマットに従って，自分の学問的な発見と主張を論文の形に仕上げる。

問題意識はいきなりでてくるものではありませんから，下級生の間に，自分の好奇心や探求心を大いに育てておきましょう。

○卒業論文の準備とは

結局，本書で学ぶような「大学での学び」をあなたが身につけていくことが，すなわちよい卒論を確実に書く準備になっているのです。自信をもって，卒論を楽しみに，学びに取り組んでください。

▷基本的な概略
たとえばAさんは，「育児ストレスについて調べたい」と思った。先行研究ではアンケート調査が多く，家庭の事情との関係を詳しくみた事例研究が少ないと思った。近所の保育園の親に協力を依頼して，聞き取り調査を行い，ストレスを緩和・増幅する要因を彼女なりに見つけだした。結論として，従来の研究とは異なる育児ストレスの見方を図式化した。

［課題］
1. 学年末に卒業研究の発表会のある大学では，先輩たちの発表を聞きに行ってみましょう。
2. 最近5年間の先輩の卒業論文の題名や内容を調べてみましょう。

（田中共子）

コラム 11

留学生と友達になるには

「留学生と友達になるには、どこへ行けばいいんでしょうか」と、聞いてきた1年生がいました。興味はあるけれど、近づく方法がわからないから教えて欲しいというのです。政府の掲げた「留学生10万人計画」を目指し、日本中で留学生が増えていますから、大学で彼らをみかけることは珍しくありません。しかし日本人学生が彼らに気軽に近づくことは、意外に少ないようです。留学生にとっては、日本人の友達、特に親友と呼べる人は思いのほか少なく、友達が欲しいのにできないと嘆く人が多いのが現状です。

なぜつきあいが進んでいかないのでしょうか。理由を調査してみたところ、日本人学生は「自分たちの外国語能力が足りないから」と考えがちなのに対して、留学生は「日本人が外国人の者の見方や考え方、行動の仕方を知らないから。自分たちに感心がないから」と思いがちでした。原因の解釈がすれ違っているので、これでは溝が広がるばかりです。英語恐怖症はほどほどにして、間違いながらでもなんとかするんだと思い定め、話をしてみてはどうでしょうか。みなさんだって、日本語が完璧な留学生としか話さないというわけではないでしょう。日本語を少々間違っても、面白いやつだと思える留学生とつきあいたいのではありませんか。言葉の間違いよりも、人間味のほうが大事です。つきあおうとする態度、意思を伝えあおうとする工夫のほうが、ずっと重要なのです。それに実際はみなさんが一方的に英語を使うわけではなく、彼らも日本語を使おうと努力するでしょうし、上手な日本語話者も少なくありません。

留学生と出会うには、交流パーティーに参加したり、国際交流サークルに入ったり、留学生支援ボランティアになったり、手助け役として大学が募集する学生チューターになるなどが確実でしょう。留学生課や国際交流課、留学生センターなどの組織に、こうした機会があるかどうか聞きに行くのもいいでしょう。でも特別なことなどしなくても、ふだんの生活の中で、彼らを避けず、普通に一緒に交わっていくことが一番ではないでしょうか。たとえ日本人同士でも、特に接点のない人と知り合う機会は多くないかもしれません。でも食堂で隣になったら、ちょっとしゃべってみるくらいから始めてみてはどうでしょう。言葉の呪縛を離れて、態度や行動における本当の意味での国際性を自然に身につけていくための、よい機会だと思います。

（田中共子）

コラム 12

働きながら学ぶ喜び

　就職してはや十余年，仕事上の責任も少しではあるが重くなり，それなりの問題解決を期待されるような立場になってきました。従来から，私は大変思いこみが激しく，経験，カン，根性だけを頼りに問題解決にあたってきました。数年前，バブル崩壊後の社会情勢の変化に伴い，私の属する組織は，近い将来に抜本的な大改革が行われるということが決まり，その改革に対する自分なりの青写真を描いてみましたが，今までの自分の問題解決の方法では，この改革に対処できないということを自覚させられました。時を同じくして，近隣の大学が社会人に対して夜間に門戸を開いたことを知り，私は「大学でもう一度しっかりと勉強をしたい」と熱く思いはじめました。なぜ大学で勉強したいと思ったのか，それはこれまでの自分自身の問題解決方法を変えたかったというのが直接的な動機でした。つまり，これまでの自分に欠如していた学問的理論を身につけた上で，仕事上の問題に対して多角的な分析を行い，具体的な解決策を導くことができるような問題解決のスキルを身につけたかったからです。

　大学に入学してから，自分自身，大きな手ごたえを感じています。物事を冷静に多角的に分析するスキル，議論を先導するスキル，理論と現実を融合した問題解決のスキルなどの修得を目指して日夜勉強・研究に頑張っているところです。昼は仕事，夜は大学という生活は，正直なところとても大変です。自分の努力なしにはスキルアップは望めません。寝る間を惜しんで，土日の休みも惜しんで勉強していますが，必ず自分に返ってくるものと信じて頑張っています。

　しかし，大学はきついだけではなく，とても楽しいところでもあります。先生方をはじめとして，さまざまな職種の学生の方との議論をとおして，いろいろな知識を吸収することができます。学生としての立場のみならず，仕事に生かすことができる強力なネットワークを築くことができます。働きながら大学で勉強するということは，自分自身のキャリアアップを図るとともに，仕事やさまざまな場面で自分を試し磨いていくフィールドがすぐそばに存在しているということが特徴です。このような特徴から，今まで感じることがなかったほどの学ぶ喜びを実感するとともに，「今までとは違った自分になれる」と信じて，頑張る力が湧き出てきます。皆さんも，この喜びを実感してみませんか？

（広島大学・大学院生　野々原慎治）

VII 学びから開ける進路

進路決定への道のり

1 進路決定への道のり

○ 早い進路決定

大学進学時に比べて，大学卒業年次の**進路決定は早い**ものです。最近は，学部3年次の秋から冬ごろに就職準備を始め，4年次の春頃に**就職活動**が本格化し，初夏にかけて会社の**内定**をもらう人が多いようです。

なお公務員試験は4年次の夏から秋ごろ，大学院入試は主に4年次の秋や冬です。つまり卒業論文を書き終わらないうちに，**行き先を予約**しています。

○ なりたい自分を目指して学ぶ

大学の4年間は人生の経過点に過ぎません。卒業後のほうがずっと長いのです。卒業時の進路決定は一生の仕事につながりますが，それは在学中の過ごし方次第といってもよいでしょう。進路は自分のために自分が決めるものです。誰かが決めてくれるものでも，なんとなく決まるものでもありません。それには準備も努力もいります。大学での学びに，将来計画を反映させていくとよいでしょう。例をあげてみましょう。

　Aさん　博物館に勤めたいので，博物館学芸員の資格取得に必要な科目を4年間かけて計画的に履修。友達と一緒に公務員試験の勉強もしている。
　Bさん　留学したいので，英語の授業をできるだけ多く履修し，ラジオ英会話や英字新聞も利用し，TOEFL（米国留学用の英語力試験）を受けた。
　Cさん　大学院に進んでヨーロッパ文学の研究をしたいので，毎年の夏休みに独・仏・伊・西語の入門用外国語学習冊子を，1つずつこなしている。
　Dさん　新聞記者になりたいので，社会のさまざまなしくみを知り，文章力をつけることを目標に，社会科学関係の授業や論述力重視の授業を選んでいる。

目標を持ち，戦略をたてたなら，そこから準備を始めることができます。

2 進路を決めていくには

○ 進路を決めていく手順

卒業後の希望が，まだはっきりしていない人もいるでしょう。進路を決めていくには，まずは進路を考えようと思うことが出発点です。基本はよく自分と向き合うことです。そして情報を集めて，方向づけをしましょう。そこに具体

▷**進路決定は早い**
本文中のスケジュール概略は，岡山大学生協学生委員会 C.C.C.! 2003 就職アドバイスブック2002，の資料をまとめたもの。

▷**就職活動**
会社に就職したい場合，まず企業から資料を取り寄せ，応募票を送り，続いて書類審査，筆記試験，面接を受ける。一次試験から最終試験へと，応募者が絞られていく。文部科学省・厚生労働省によれば，平成14年2月，大学生の就職希望率は67.5％。就職希望者の就職内定率は82.9％。

▷**内定**
採用する企業からの，採用予定の決定通知。

▷**行き先を予約**
卒業論文が書けない，所定の単位が取り終わらないなどで留年する場合，内定も合格も「卒業見込み」に対してのものなので，卒業できなければ無効となる。

▷**大学の4年間**
大抵の大学の在学期間は，標準で4年だが，留年を含めれば7〜8年，休学も加えると11〜12年在学が可能。4年で大学を卒業する学生はおよそ8割，留年率は2割弱といわれるが，大学によっては3割以上が留年する学部・学科を抱えているところもある。

表15　大学4年間の行動計画

1年次	進学の動機を振り返り，自分の能力と適性を認識する。所属する学部と学科が，どういう事をしているのか知る。4年間の学生生活の目標をたて，暫定的な計画を作る。新生活に適応し，大学生活を居心地よくする。
2年次	進路関連の情報を集め始める。先輩と話す，本を見る，職場の見学に行く，就職資料室に行く，就職関連のガイダンスを受けるなど。アルバイトやボランティアで，経験の幅を広げる。勉学も生活も前向きに取り組み，探索活動を通じて，自分と進路との関係性を見つけていく。
3年次	進路の「意思」を決定する。現実的な情報を集め，自分にひきつけて検討する。
4年次	進路の「目標」を具体的に選択する。決定までの手順や過程を明確にする。志望実現に努力する。望ましい生き方のビジョンを持ち，キャリア設計を考え，ライフワークの創出を目指す。

的な準備を開始すれば，希望は現実的な可能性へと変わっていきます。

○自分の興味と人生観を重視する

数年で終わる大学と違って，仕事は一生の問題です。生き生きと働くには，**「自分の興味・関心，したい生き方」にあった仕事**が大切です。人生観や職業観を何度も問い直してください。**自己吟味**があなたを成長させていきます。

○各年次にしておくこと

1～4年をどう過ごせばうまく進路を決められるのか，表15にまとめました。**インターンシップ**制度も手がかりになるでしょう。最終目的は「生きがいのある人生」です。そこにあなたの学びを結実させていってください。

［課題］
あなたの探索と行動の軌跡を，年次ごとに書き込んでいきましょう。
1年次　進学動機：＿＿＿＿＿＿＿＿＿＿＿＿＿＿＿＿＿＿
　　　　学部・学科の内容：＿＿＿＿＿＿＿＿＿＿＿＿＿
　　　　4年間の目標：＿＿＿＿＿＿＿＿＿＿＿＿＿＿＿＿
　　　　行動計画：1年＿＿＿＿＿＿＿　2年＿＿＿＿＿＿＿
　　　　　　　　　3年＿＿＿＿＿＿＿　4年＿＿＿＿＿＿＿
2年次　接触した情報源：＿＿＿＿＿＿＿感想＿＿＿＿＿
　　　　関わった学外活動：＿＿＿＿＿＿感想＿＿＿＿＿
　　　　参加したガイダンス：＿＿＿＿＿感想＿＿＿＿＿
3年次　検討した情報：＿＿＿＿＿＿＿＿＿＿＿＿＿＿＿
4年次　目標：＿＿＿＿＿＿＿＿＿＿＿＿＿＿＿＿＿＿＿
　　　　必要な手続き：＿＿＿＿＿＿＿＿＿＿＿＿＿＿＿
　　　　行動計画（月，内容）：＿＿＿＿＿＿＿＿＿＿＿

（田中共子）

▷「自分の興味・関心，したい生き方」にあった仕事
厚生労働省によれば，就職後3年以内に仕事を辞めてしまうという早期離職率は，大学卒業生の場合32％。その原因の1つが仕事とのミスマッチだといわれる。

▷自己吟味
就職活動をする学生は，自分の個性や能力，経験，意欲などについて整理している。自分に適した仕事を選んだり，面接で自分をアピールするポイントを絞るために，就職参考書のチェックリスト，情報産業の自己分析シートや職業適性検査なども使いながら，自己分析に努めている。

▷インターンシップ
大学と企業が提携した制度で，学生が一定期間その会社で働いて，職業経験を積むことができる。

VII 学びから開ける進路

 学びに迷ったとき

1 学びの選択に関する迷い

○それぞれの悩み

大学入学後，自分の進路選択がこれでよかったのかと迷う人もいます。

Aさん　就職に有利だろうと経済学部へ入ったが，興味が持てない。数学は好きではないのに統計の授業がある。経済に向いていないのかも。

Bさん　小学校の先生になりたくて地元の教育大志望だったが，高校の先生が「もったいない，君ならもっと難しい学校に受かるのに」というので有名大学へ。でも小学校をあきらめきれない。しかしこの大学では小学校教員の資格は取れない。

Cさん　地図作りの仕事がしたい。地理学以外あまり勉強しなかったら，成績に基づく振り分けで，人気の高い地理学講座には行けなくなった。

Dさん　人と話ができず，心の悩みがあるので，どうしてもカウンセラーになりたいのだが，ここの心理学科には臨床心理士養成課程がない。

Eさん　家族の病気でソーシャルワーカーさんの世話に。自分もやりたくなった。漫然と入った今の学部をやめて福祉学部を受験し直そうか。

○悩みの原因は

Aさんは，学問の内容を知らないまま，自分の興味ともつきあわせずに学部を選択していたようです。Bさんは，自分の関心よりも世間の評価に従ってしまったため，目標の達成に困難を抱えてしまいました。Cさんは，幅広い学び方をしていれば，皮肉な結果を避けられたかもしれません。Dさんは，「カウンセラーになる」のと「カウンセリングを受ける」のを混同しています。悩みのあまり，自分の特技を伸ばす，自分の適性にあわせるといった視点が置き去りです。Eさんは，体験から新たな関心と目標が発生しています。

2 専攻を変えたいとき

○前向きにとらえることから

自分の興味や適性を大事にしながらよく大学を調べていたら，こうしたことは少ないはずです。でも，ともあれ今の大学に来ているのですから，何か興味が持てるものや自分にあうものがないかどうか，まずは前向きに探してみてください。よくみれば，面白いものがみつかる可能性は十分あります。

○ 学びの変更や拡大

それでもどうしても専門を変えたいなら，**転学部，転学科**，外国への**留学**，専攻以外の**大学院**への進学の可能性を探ってみましょう。それには気持ちの整理も覚悟も，情報集めも必要です。現在の所属を続けながら**研究生や聴講生，副専攻，単位互換**によって，学びの幅を増やすこともよい工夫でしょう。

3 やりたいことがないと感じた場合

○ やりたいことがない

やりたいことが違うからではなく，なくて困っている場合もあるようです。

　Gさん　受験勉強はがんばったが，大学に入ったら何をしていいのかわからなくなり，気力もわかない。受かること自体が目標で，大学はみんなが行くから来ただけだったのかもしれない。

　Hさん　受験勉強から開放されたのだから，失った青春を取り戻したい。大学でやりたいことなどないし，遊びや趣味がとにかく楽しい。教室よりサークルが居場所。授業に出ていないので**留年**しそう。

○ 学びの心はどこに

Gさんは，受験という手段を目的と取り違えていました。大学は未来に続く場のはずですが，卒業後に続く長期目標もみあたりません。燃え尽きが起きて，立ち止まってしまっています。Hさんは，受験勉強と大学の学びの違いに気づかないまま，大学に求めるものを持たず趣味活動にエネルギーを向けています。

○ 少しずつ学びを始めよう

まずは少しでも興味があることを探しましょう。他にしたいことがあるなら退学もよいのですが，無目的にやめるのは考えものです。受験勉強の残像に支配されたまま，自分の可能性を放棄してしまうなど惜しいことです。

4 学生相談室へ行こう

迷ったら1人で悩まず，話しやすい先生や先輩，友達と話しましょう。相談して気持ちが整理できることもあるでしょう。**学生相談室**があれば，ぜひ行ってください。迷いに耳を傾け一緒に考えてくれます。心の病には保健室や保健管理センターが対応する大学もあります。遠慮なく力を借りてください。

[課題]
　あなたの相談相手となる資源を，探してみましょう。
大学にある相談機関：_____
相談しやすい人：_____

（田中共子）

▷転学部，転学科
入学後に学部や学科を変えられる大学もある。受け入れ学科に定員の空きがあり，志望者が成績優秀で学習意欲が明確な場合に許可されやすい。

▷留学，大学院，研究生や聴講生
⇒ VII-3 「さらに学びを続けたくなったら」参照。

▷副専攻
主専攻のほかに，副次的な専攻を設定できる制度を持つ学校がある。アメリカの大学には珍しくないが，日本ではまだ少ない。

▷単位互換
他大学で取得した単位は，一定の範囲で，在学する学校の単位として認められる。海外の大学の夏期コースや語学クラスの講義も，対象になることがある。他大学と提携して，積極的に履修科目の範囲を広げる方針の学校もある。

▷留年
経済的事情などによる意図的な留年のほか，社会に出ることを延期するためのもの，学業がはかどらず留年せざるをえないもの，不登校状態になっているものなど，いくつかのタイプがある。

▷学生相談室
学生を対象とした，修学・生活上の問題の相談機関。たとえば倉敷芸術科学大学では，「あらゆる悩みや相談に，秘密厳守で対応します。気軽に相談してください」と記した「相談の手引き」を配っており，専用の部屋とスタッフがおり，面接のほかe-mailや電話でも相談ができる。

VII 学びから開ける進路

 さらに学びを続けたくなったら

1 大学院に進学する

○ もっと深く学びたい

大学での学びが面白くなって、あなたが「もうちょっと学んでみたい」と思ったときには、いくつかの選択肢があります（図42）。

もっと深く学びたい人には、大学院進学という道があります。大学院は大学卒業者がいっそう高度な学問を探求する場で、入学試験では専門科目や外国語の試験を受け、成績証明書、卒業論文、研究計画書などを提出します。入学金や授業料を納める「学生」ですが、学部と違うのは高度な学習・研究活動を行うことです。なお学部は「卒業」、大学院は「修了」といいます。

○ 修士課程で学ぶ

大学院は修士・博士課程に分れています。**修士課程**では2年がかりの研究を行います。規定の単位を取得し、修士論文が合格すれば、修士の学位を授与されます。ちなみに学部での学位は、学士です。

日本の修士課程は研究指向が強いので、研究テーマにあわせた学校選びが大切です。あなたの希望にあった専門家がいる学校かどうかをよく調べましょう。進学先や受験勉強の方法は、大学の先生とよく相談してください。アメリカでは、修士論文を書かずに単位を履修するだけで卒業できる修士課程があります。最近は日本でも、論文を課さない**実学志向の大学院**があります。

○ 博士号を目指す博士課程

修士の後でさらに研究を深めるには、**博士課程**に進学します。所定の単位をとり、博士論文が合格すれば**博士号**が授与されます。研究レベルは高く、関連の**学会**で報告し、論文を発表しなければなりません。でももしあなたが、未知のものを発見したり創造したりするのが好きで、学問的な好奇心や探究心にあふれているなら、この困難さにも手応えを感じることでしょう。

○ 経済的なサポート

学部生より大学院生の方が奨学金受給の機会が増えますし、低利の貸付け制度も利用できます。アルバイト額も学部より多く、**ティーチングアシスタント**をつとめる人もいます。もちろん各種の学割も使えます。

▷ **修士課程**
修士課程は標準履修年限が2年間だが、4年まで延長できる。大学院前期課程ともいう。

▷ **実学指向の大学院**
ビジネススクールやロースクールなど、高度専門的職業人の養成を目指した大学院。

▷ **博士課程**
博士課程の標準履修年限は3年だが、2〜6年にもできる。大学院後期課程ともいう。修士課程と一貫させた学校と、これらを2つに区切って入試を行う学校がある。必要単位だけ取得していったん世に出て、後から論文を提出することもできるが、その場合は単位取得退学とよばれる。

▷ **博士号**
博士課程に在籍して取得するのが課程博士。論文を提出し、審査に合格して取得するのが論文博士。後者の例では、民間の研究所で働いていて、その成果をまとめて論文化し、母校に学位の申請をするなど。

▷ **学会**
研究者の学術団体で、たとえば日本心理学会、日本語教育学会など、研究領域ごとに分れている。定期的に研究発表の大会を催したり、論文を掲載した学術雑誌を発行したりする。

国内の学校	留学
	ポストドクトラルフェロー
大学院　博士課程　進学　3年	大学院博士課程
大学院　修士課程　進学　2年 ─ 研究生	大学院修士課程 ─ 夏期講座, 研究生
大学　学部　4年　学士入学　2〜3年 ─ 聴講生, 科目等履修生	大学学部　入学・編入
	語学学校　など

図42　学びの選択肢

2 さまざまな学びのかたち

○学士入学

既卒者が学部で学び直したいときは、**学士入学**という方法があります。試験を受けて、2年次か3年次に編入されます。

○研究生・聴講生

必要な授業だけ聞きたいとか研究だけしたいときは、パートタイムの学生になれます。学部や大学院を卒業していれば資格があり、試験もありません。研究生なら、指導教官と研究計画について話し合っておきましょう。これらは、異なる専門分野の大学院に進学したいときの準備としても活用されます。

○社会人入学

仕事をしながら学校に通ったり、定年後や家庭生活の傍ら学生をする、社会人学生が増えています。学部や大学院の**社会人特別選抜**の入試、昼夜開講制など、便宜が図られてきました。これは生涯教育のニーズに対応しています。

3 留　学

留学はわりと簡単に実現します。大学同士の**交換留学制度**を利用すれば、学費が免除されたり手続が簡単という利点があります。**自分で手配する留学**なら、短期の大学夏期コース、専門学校や語学学校などは簡単に許可が得られます。大学や大学院の正規課程への留学だと、外国語能力が問われ、書類選考による入試もあります。準備は結構大変なので、意欲・労力や情報収集力が必要です。お金がなければ、政府や民間の奨学金を、大学の掲示板や新聞、ホームページなどで探しましょう。なお**博士課程修了後の研究留学**になると、給与をもらいながら研究ができます。

［課題］
あなたの大学や近隣の大学の大学院をホームページで調べてみましょう。

（田中共子）

▷ティーチングアシスタント
大学が大学院生を雇用して、授業補助のアルバイトをしてもらう。TAとも称する。教育面の訓練、教育スタッフの補助、奨学金の代わりなどの意味がある。

▷学士入学
大学を卒業した人が、学部に編入すること。以前の専門とは異なる学部でも学べる。既取得単位の一部を卒業のための単位として認定してもらえる。

▷社会人特別選抜
社会人が入学しやすいようにした、入試の特別枠。一般入試より専門科目の試験科目を減らしたり、小論文や面接を重視したりする。仕事上の経験や問題意識が生かされやすくなる。

▷交換留学制度
大学間で交流協定を結び、一定数の学生を相互に留学させる制度。互いに学費を無料にして学生寮に住まわせるなど、取り決めがある。語学力や成績などに条件があったり、派遣元で学内選抜をする場合もある。

▷自分で手配する留学
大学などの派遣制度によらず、自分で手配する留学。その種類と方法は、1994留学事典　アルク、2002年版海外留学Q&A　アルク、1998 国際派の留学と就職　アルク、などを参照。

▷博士課程修了後の研究留学
博士号取得後、大学で一定期間、研究上のキャリアを積むための立場。アメリカでは、いわゆるポストドクトラルフェローシップの受給者。教員でも学生でもない、いわばかけだしの研究要員。

コラム 13

楽しい大学院生活

　私の大学院進学の理由は2つあります。1つは心理学の勉強が楽しかったので研究を続けたいと思ったから，もう1つは心理学を社会でどのように活かせるかを院の2年間で自分の納得のいくまで模索したかったからです。ですから私にとっての大学院は，学部と同様"模索"の過程の延長ですが，やはり学部とは実質的に異なってきます。

　その一番大きな点は，研究への取り組みです。学部で蓄積した研究手法や心理学の基礎的知識を基盤として，研究の質の向上に専念できますし，なによりも研究に"自分らしさ"が出てきます。"自分らしさ"とは，自分が最も興味のあることを自分の視点で解釈していくことです。私の場合，大学の研究室の仲間が大好きだったので，「研究室を1つの集団としてとらえた時，その中にはどういう機能，構造，ルールがあるのか」というテーマで研究に取り組んでいます。自分が純粋に好きなことだからこそ，意欲を持って楽しく研究に取り組めます。

　さらに異なる点として，院生として"学ぶ"と同時に，学部生に"教える"機会が増えるということです。「少しでも力になりたい」という気持ちからアドバイスをしたり相談にのったりするのですが，できるだけ自分の意見が相手にとって建設的なものであるよう心がけます。そういう時，自分の心理学における未熟さを痛感したり，"教える"ことに伴う責任を強く感じます。こういった学部生との交流は，私にとって非常に有意義なものなのです。学部生のゼミでは，とてもユニークな意見が飛び交うので新鮮さを感じます。院生と学部生の交流が深まれば，お互い刺激し合って議論が活発になるでしょう。ですから，今後も積極的に学部生のみんなと関わっていきたいです。

　最後になりましたが，"本当に好きなこと"を見つけ，それに思いきり打ち込んでいる時が一番楽しいと私は思います。大学という環境ではそれが可能です。ですから，あとはあなた次第です。きっと，焦ったり悩んだりする時もあるでしょう。そんな時は仲間や先生に思いきって意見を求めたり，失敗を恐れずチャレンジしてみて下さい。私の経験から言うと，自分の納得いくまでとことん悩み抜いた時，必ず"その先"が見えてくるものです。ですから，たとえ不安の中にあっても自分の信じる道を歩み，夢を摑み取って下さい。

（岡山大学・大学院生　本城由子）

コラム 14

留学という学びの形

　ひと口に留学といっても，各人の目的や条件，行き先などによって形はさまざまです。すでに日本の大学に進学している皆さんにとって，おそらく一番てっとり早いのは，所属大学と提携している大学に交換留学という形で1年間行くというものでしょう。先方で取得した単位が所属大学の卒業要件単位に換算される場合は，在学年数を延ばさずに留学を経験できます。短期で英語を集中的に学ぶ語学留学や，大学の学部や大学院に進学する正規留学というやり方もあります。特に後者の場合は，行き先によって必要書類や受けておかなければならない英語力判定試験の種類などがかなり異なるので，資料収集など事前の準備にはある程度の時間を見込んでおきましょう。ネイティヴの学生たちに混じって専門科目を受講する形の留学には，それなりの心がまえが必要ですし，留学期間は気力，知力，体力のいずれもが試されるハードなものとなるでしょう。

　欧米の大学の場合，大量のリーディングに加え，小論文，レポートの作成が求められるのがふつうなので，そうした授業についていくためのスキルを事前に学ぶコースを探して，受けておくと役立ちます。私はイギリスの大学院に留学するとき，新学期が始まる前に大学側が留学生のために用意した1か月の集中コースを受けました。学期が始まってからは毎週出る課題に追われ，勉強，勉強の毎日でしたが，学ぶためのスキルは，かなり役に立ったと思います。

　留学の最大のメリットは，学生という保証された身分で日本とは全く異なる社会に一定期間身を置き，文化的背景や価値観の違いを経験しながら学ぶということです。大学のシステム，学生たちの勉強に対する姿勢や先生と学生の関係の作り方なども日本とはずいぶん違うはずです。異なる環境で学ぶことは，日本での自分の学生生活をふりかえるいい機会にもなるでしょう。また，留学中に一生懸命勉強することはもちろん大事ですが，留学先の学生や他の留学生との交流から学ぶことも多いということを忘れずに。留学時代にできた友人関係は"一生もの"です。ただ，大学生になってからの留学の場合，生活の中心はキャンパスの中ですから，行った先の社会でのふつうの生活に溶け込むのはむずかしくなるでしょう。相手社会についてもっと知りたいと思えば，正規の授業が始まる前に，あらかじめホームステイ・プログラムなどに参加して，大学関係者以外の知り合いを作っておくのも一手かもしれません。

（中谷文美）

執筆者紹介（氏名／よみがな／生年／現職／主著／学びの技法を学ぶ読者へのメッセージ）　　＊執筆担当は本文末に明記

田中共子（たなか　ともこ／1960年生まれ）

岡山大学学術研究院社会文化科学学域教授
『留学生のソーシャル・ネットワークとソーシャルスキル』（単著・ナカニシヤ出版）『社会心理学への招待』（共著・ミネルヴァ書房）
理系出身の私が，心理学の大学院，米国留学を経て，今は文学部。どうぞ皆さんもお好きな学びの道へ。

堤　良一（つつみ　りょういち／1972年生まれ）

岡山大学大学院社会文化科学研究科准教授
『現代日本語指示詞の総合的研究』（ココ出版）『『大学生』になるための日本語1, 2』（共著・ひつじ書房）『談話とプロフィシェンシー』（共著・凡人社）
研究はとても自由です。自由に研究して，それを的確に表現する能力を養ってください。

戸梶亜紀彦（とかじ　あきひこ／1960年生まれ）

東洋大学社会学部教授
『学習・発達心理学序説』（共著・小林出版）『性格心理学ハンドブック』（共著・福村出版）『発達研究の技法（シリーズ・心理学の技法）』（共著・福村出版）『青年心理学事典』（共著・福村出版）『心の科学』（共著・北大路書房）『感情と思考の科学事典』（共著・朝倉書店）
本書を上手く活用し，高校までとはまったく異なる大学での学習を実りあるものとしてください。

中谷文美（なかたに　あやみ／1963年生まれ）

岡山大学文明動態学研究所教授
『オランダ流ワーク・ライフ・バランス』（単著・世界思想社）『「女の仕事」のエスノグラフィ——バリ島の布・儀礼・ジェンダー』（単著・世界思想社）『仕事の人類学』（共編著・世界思想社）
高校の時とは全くちがう学びの世界があなたの前に広がっています。Enjoy!

村本由紀子（むらもと　ゆきこ／1965年生まれ）

東京大学大学院人文社会系研究科教授
『個人と社会のダイナミクス：展望 現代の社会心理学III』（共編著・誠信書房）『人文知3：境界と交流』（共著・東京大学出版会）
大学時代は，好きなことに好きなだけ時間をかけることのできる，人生の中でまたとない時期です。悔いなく過ごして。

山内博之（やまうち　ひろゆき／1962年生まれ）

実践女子大学文学部教授
『[新版] ロールプレイで学ぶ中級から上級への日本語会話』（単著・凡人社）『実践日本語教育スタンダード』（編著・ひつじ書房）
勉強でもスポーツでも何でもいいですから，必ず何かに熱中してください。それが，人生を豊かにする秘訣です！

やわらかアカデミズム・〈わかる〉シリーズ
よくわかる学びの技法［第3版］

2003年 4 月30日	初　版第 1 刷発行	〈検印省略〉
2009年 4 月20日	初　版第11刷発行	定価はカバーに
2009年12月 5 日	第 2 版第 1 刷発行	表示しています
2017年10月30日	第 2 版第12刷発行	
2019年 1 月10日	第 3 版第 1 刷発行	
2021年12月30日	第 3 版第 6 刷発行	

編　者	田　中　共　子
発行者	杉　田　啓　三
印刷者	田　中　雅　博

発行所　株式会社　ミネルヴァ書房
〒607-8494 京都市山科区日ノ岡堤谷町1
電話代表　(075) 581-5191
振替口座　01020-0-8076

Ⓒ田中共子他, 2019　　割栄図書印刷・新生製本

ISBN 978-4-623-08480-7
Printed in Japan

やわらかアカデミズム・〈わかる〉シリーズ

教育・保育

よくわかる卒論の書き方
白井利明・高橋一郎著　本体　2500円

よくわかる教育評価
田中耕治編　本体　2600円

よくわかる授業論
田中耕治編　本体　2600円

よくわかる教育課程
田中耕治編　本体　2600円

よくわかる教育原理
汐見稔幸・伊東　毅・髙田文子
東　宏行・増田修治編著　本体　2800円

新版　よくわかる教育学原論
安彦忠彦・児島邦宏・藤井千春・田中博之編著　本体　2600円

よくわかる生徒指導・キャリア教育
小泉令三編著　本体　2400円

よくわかる教育相談
春日井敏之・伊藤美奈子編　本体　2400円

よくわかる障害児教育
石部元雄・上田征三・高橋　実・柳本雄次編　本体　2400円

よくわかる特別支援教育
湯浅恭正編　本体　2500円

よくわかるインクルーシブ教育
湯浅恭正・新井英靖・吉田茂孝編著　本体　2500円

よくわかる肢体不自由教育
安藤隆男・藤田継道編著　本体　2500円

よくわかる障害児保育
尾崎康子・小林　真・水内豊和・阿部美穂子編　本体　2500円

よくわかるインクルーシブ保育
尾崎康子・阿部美穂子・水内豊和編著　本体　2500円

よくわかる保育原理
子どもと保育総合研究所
森上史朗・大豆生田啓友編　本体　2200円

よくわかる家庭支援論
橋本真紀・山縣文治編　本体　2400円

よくわかる子育て支援・家庭支援論
大豆生田啓友・太田光洋・森上史朗編　本体　2400円

よくわかる社会的養護
山縣文治・林　浩康編　本体　2500円

よくわかる社会的養護内容
小木曽宏・宮本秀樹・鈴木崇之編　本体　2400円

よくわかる子どもの保健
竹内義博・大矢紀昭編　本体　2600円

よくわかる子どもの健康と安全
丸尾良浩・竹内義博編著　本体　2200円

よくわかる発達障害
小野次朗・上野一彦・藤田継道編　本体　2200円

よくわかる子どもの精神保健
本城秀次編　本体　2400円

よくわかる環境教育
水山光春編著　本体　2800円

福祉

よくわかる社会保障
坂口正之・岡田忠克編　本体　2500円

よくわかる社会福祉
山縣文治・岡田忠克編　本体　2500円

よくわかる社会福祉運営管理
小松理佐子編　本体　2500円

よくわかる社会福祉の歴史
清水教惠・朴　光駿編著　本体　2600円

新版　よくわかる子ども家庭福祉
吉田幸恵・山縣文治編著　本体　2400円

新版　よくわかる地域福祉
上野谷加代子・松端克文・永田祐編著　本体　2400円

よくわかる家族福祉
畠中宗一編　本体　2200円

よくわかるスクールソーシャルワーク
山野則子・野田正人・半羽利美佳編著　本体　2800円

よくわかる高齢者福祉
直井道子・中野いく子編　本体　2500円

よくわかる障害者福祉
小澤　温編　本体　2500円

よくわかる司法福祉
村尾泰弘・廣井亮一編　本体　2500円

よくわかるリハビリテーション
江藤文夫編　本体　2500円

よくわかる障害学
小川喜道・杉野昭博編著　本体　2400円

心理

よくわかる心理学実験実習
村上香奈・山崎浩一編著　本体　2400円

よくわかる心理学
無藤　隆・森　敏昭・池上知子・福丸由佳編　本体　3000円

よくわかる心理統計
山田剛史・村井潤一郎著　本体　2800円

よくわかる保育心理学
鯨岡　峻・鯨岡和子著　本体　2400円

よくわかる臨床心理学　改訂新版
下山晴彦編　本体　3000円

よくわかる臨床発達心理学
麻生　武・浜田寿美男編　本体　2800円

よくわかるコミュニティ心理学
植村勝彦・高畠克子・箕口雅博
原　裕視・久田　満編　本体　2500円

よくわかる発達心理学
無藤　隆・岡本祐子・大坪治彦編　本体　2500円

よくわかる乳幼児心理学
内田伸子編　本体　2400円

よくわかる青年心理学
白井利明編　本体　2500円

よくわかる高齢者心理学
佐藤眞一・権藤恭之編著　本体　2500円

よくわかるパーソナリティ心理学
吉川眞理編著　本体　2600円

よくわかる教育心理学
中澤　潤編　本体　2500円

よくわかる学校教育心理学
森　敏昭・青木多寿子・淵上克義編　本体　2600円

よくわかる学校心理学
水野治久・石隈利紀・田村節子
田村修一・飯田順子編著　本体　2400円

よくわかる社会心理学
山田一成・北村英哉・結城雅樹編著　本体　2500円

よくわかる家族心理学
柏木惠子編著　本体　2600円

よくわかる言語発達　改訂新版
岩立志津夫・小椋たみ子編　本体　2400円

よくわかる認知科学
乾　敏郎・吉川左紀子・川口　潤編　本体　2500円

よくわかる認知発達とその支援
子安増生編　本体　2400円

よくわかる情動発達
遠藤利彦・石井佑可子・佐久間路子編著　本体　2500円

よくわかるスポーツ心理学
中込四郎・伊藤豊彦・山本裕二編著　本体　2400円

よくわかる健康心理学
森　和代・石川利江・茂木俊彦編　本体　2400円

―― ミネルヴァ書房 ――
https://www.minervashobo.co.jp/